DE LA

SOUVERAINETÉ,

ET DES FORMES

DE GOUVERNEMENT.

Imprimerie de LE NORMANT, rue de Seine, n°. 8.

DE LA
SOUVERAINETÉ,
ET DES FORMES
DE GOUVERNEMENT.

ESSAI

DESTINÉ A LA RECTIFICATION DE QUELQUES PRINCIPES POLITIQUES.

PAR FRÉDÉRIC ANCILLON,

Auteur du *Tableau des Révolutions du Système politique de l'Europe depuis la fin du quinzième siècle*; des *Mélanges de Littérature et de Philosophie*, etc.

ACCOMPAGNÉ DE NOTES DU TRADUCTEUR.

> *In moderation placing all my glory,*
> *While Tories call me Whig, and Whigs a Tory.*
> POPE.
>
> Traité de Whig par les Torys et de Tory par les Whigs, c'est dans la modération que je place toute ma gloire.

PARIS.

LE NORMANT, IMPRIMEUR-LIBRAIRE.

1816.

PRÉFACE DU TRADUCTEUR.

La *Révolution française fera le tour du monde*, disoit Gustave III, à une époque où la révolution, à peine commencée, n'avoit pas encore appris elle-même au Monde tout ce que contenoit d'effrayant une telle prédiction. Les moyens dont la Providence se sert pour l'éducation des peuples, sont quelquefois sévères, et il coûte cher alors d'assister à ses leçons. Aussi ne pouvons-nous voir, sans une profonde douleur, la révolution, à peine chassée de notre territoire, porter ses pas chez d'autres peuples, leur prêcher les mêmes doctrines, leur prodiguer les mêmes promesses, et leur préparer ainsi les mêmes malheurs. Nos erreurs et nos désastres ont offert à nos voisins des exemples si clairs, et nous ont laissé à nous-mêmes des souvenirs si poignans, qu'il semble que le retour de tels événemens devroit être pendant longtemps impossible. Mais les choses humaines ne s'enchaînent pas ainsi; les fautes des hommes ne les instruisent qu'après avoir égaré plusieurs générations successives ; et la révolution a jeté dans les esprits comme dans les choses une si effroyable confusion , elle a entassé pêle mêle tant de sentimens nobles et de sentimens honteux , tant de vérités utiles et de théories funestes, tant de gloire et tant de revers, que des siècles s'écouleront peut-être avant que les peuples aient débrouillé ce chaos politique, et mis par là un terme à la fermentation qui s'est établie dans leur sein.

On ne sauroit donc trop applaudir aux efforts des hommes qui s'appliquent à cette œuvre difficile ; quelque sourds que paroissent encore les auditeurs à qui ils s'adressent, s'ils ont avancé d'un jour cette époque où la vérité sera dégagée de l'erreur et le devoir des illusions de la passion, où l'or pur sera séparé de son alliage , *le bon grain de l'ivraie et le froment de la paille destinée au feu*, leurs travaux ne seront ni sans fruit ni sans récompense.

Tel est l'objet de l'ouvrage de M. Ancillon ; enfant adoptif d'un pays où les principes révolutionnaires s'efforcent de se propager et de prévaloir, il a voulu attaquer ces principes pendant qu'il en est temps encore, et combattre l'empire qu'ils tentent d'exercer sur les esprits avant qu'ils aient acquis assez de pouvoir pour n'avoir plus besoin de convaincre : conduite digne d'un vrai philosophe et d'un bon citoyen qui ne craint pas de déclarer d'avance la guerre à l'ennemi dont il redoute le triomphe.

M. Ancillon est heureux ; il peut espérer qu'on préviendra les maux qu'il sait prévoir ; il peut se flatter que, dans sa patrie, le gouvernement et la nation éviteront des fautes déjà commises à côté d'eux, et des écueils déjà signalés par un grand naufrage. Ses réflexions et ses conseils s'adressent à un peuple qui n'a qu'à regarder pour voir, et qui, n'étant pas encore entré dans la carrière des révolutions, peut, en levant les yeux, lire l'inscription terrible que les malheurs de la France ont placée à la porte :

Per me si và nella città dolente ;
Per me si và nell'eterno dolore ;
Per me si và tra la perduta gente, etc.

Cette situation de l'auteur et du public donne à l'ouvrage une tendance et un caractère qui sembleroient ne pas devoir nous convenir, à nous malheureux Français si long-temps ballottés par l'orage qu'il annonce à la Prusse, et échoués tant de fois sur les bords dont il voudroit l'éloigner.

Mais la France est enfin sortie de l'abîme ; et pour peu qu'on ait observé l'état où nous sommes, pour peu qu'on ait réfléchi sur les causes de nos chutes et sur les périls qui peuvent nous menacer encore, on se sera convaincu que ces causes n'ont pas perdu toute influence, et que, de ces périls, les plus grands sont toujours ceux auxquels nous avons déjà succombé. Il est impossible d'entendre sans effroi tant de gens répéter : « La révolution est finie. » Comme si une révolution pouvoit finir à jour fixe et par l'effet magique d'un seul événement ! Une révolution n'est pas un être unique dont un seul coup tranche l'existence : nous avons déjà vu finir trois ou quatre révolutions, et nous en avons vu renaître de nouvelles : qui osera affirmer que des causes analogues, des fautes du même genre ne reproduiront jamais au milieu de nous quelque secousse semblable ? Ce sont ces causes qu'il faut rechercher et combattre ; ce sont ces fautes qu'il faut reconnoître et éviter. Les peuples étrangers n'ont fait que voir de loin notre révolution, et cependant les hommes sages pensent qu'elle a déjà pris racine chez eux ; n'auroit-elle donc déposé aucun germe funeste dans un sol qu'elle a labouré si longtemps ?

Les plus redoutables de ces germes sont les principes révolutionnaires eux-mêmes : principes d'autant plus puissans que, dans un grand nombre d'esprits, ils ont déjà acquis la force des préjugés, tandis que, pour une partie de la génération actuelle, ils ont conservé presque tout le charme des innovations. D'une part, le despotisme de Buonaparte n'a changé ni les théories politiques, ni les habitudes d'esprit des hommes qui avoient coopéré à la révolution ; de l'autre, le soin avec lequel il a caché à la génération nouvelle toute idée de constitution et de liberté, a condamné les jeunes gens à une ignorance si profonde et à une inexpérience telle en fait de gouvernement, qu'ils pourroient bien être tentés aujourd'hui d'embrasser aveuglément des doctrines toujours séduisantes. Il est donc d'une haute importance, même pour nous, d'examiner et d'apprécier de nouveau ces doctrines, de poursuivre celles qui sont fausses et dangereuses, de leur substituer des opinions plus saines, et d'empêcher ainsi que la France ne s'égare encore dans une route parallèle à celle où elle s'est perdue.

Considéré sous ce rapport, l'ouvrage de M. Ancillon est digne de tout notre intérêt, et doit paroître d'une utilité aussi grande que peut l'être celle d'une brochure au milieu d'intérêts si puissans et d'événemens si compliqués.

Je ne prétends ni adopter ni soutenir toutes les opinions émises dans cet écrit ; la tendance m'en a paru excellente ; les idées fondamentales en sont, à mon avis, justes et sages ; je pense, surtout, qu'elles sont bonnes à exprimer de nos jours, parce que ce qu'elles peuvent contenir d'erroné est infiniment moins dangereux que les erreurs qu'elles sont destinées à combattre. L'auteur s'est laissé aller plus d'une fois à exagérer ses propres opinions, dans l'espérance, fort commune, bien que mal fondée, qu'en les exagérant il leur donneroit plus de force ; comme si l'exagération d'une opinion servoit à autre chose qu'à trahir ce qu'elle a de foible, et à indiquer ainsi par où on peut l'attaquer : les esprits attentifs reconnoîtront ce défaut dans ce qu'il dit de la nécessité d'adapter le gouvernement et les lois à l'état particulier du peuple qui doit leur obéir. Quelquefois aussi les vues philosophiques de l'auteur sont superficielles, incomplètes et appuyées sur des raisonnemens peu solides : on peut adresser ce reproche aux deux premiers chapitres sur l'origine de *la société* et de *l'Etat.* On trouvera également, en divers endroits, des idées communes adoptées légèrement et développées avec trop d'étendue. Enfin le dernier chapitre, intitulé *Coup d'œil sur la Révolution française*, ne présente qu'une des faces de la révolution, et offre des traces aussi nombreuses qu'évidentes de la partialité étrangère. Je n'entrerois pas dans ces détails, si je ne pensois que tout homme éclairé se doit à lui-même de ne pas se laisser attribuer des opinions qu'il ne partage pas complètement, et que cependant il cherche à propager.

Ce que je puis dire avec une conviction profonde, c'est que l'ouvrage de M. Ancillon, empreint d'ailleurs du caractère d'un esprit très élevé et d'un talent fort rare, est écrit dans l'intérêt des peuples, parce qu'il est écrit dans le véritable intérêt des gouvernemens. Peu de livres, depuis trente ans, ont mérité cet éloge.

Les notes placées à la fin de l'ouvrage ont pour principal objet de développer ou de rectifier les idées qui m'ont paru plus spécialement applicables à notre gouvernement et à notre situation.

PRÉFACE DE L'AUTEUR.

QU'EN général l'expérience des pères est perdue pour les enfans, c'est là un vieux proverbe qui conserve sa vérité depuis des siècles.

Mais que notre propre expérience est souvent perdue pour nous, c'est ce qui est aussi vrai et beaucoup plus étrange.

Tout observateur attentif a pu s'en convaincre dans le cours des dix années qui viennent de s'écouler.

Un grand nombre d'idées et de principes politiques, établis par les philosophes du dix-huitième siècle, ont été mis à l'épreuve par les événemens des trente dernières années, et n'ont pu la soutenir. Mainte doctrine, qui avoit été annoncée à grand bruit comme de l'or pur, s'est trouvée n'être qu'un alliage d'une valeur fort douteuse, ou n'est plus aujourd'hui qu'un charbon consumé.

Cependant on arrache ces doctrines à l'oubli où elles méritoient de tomber. Rajeunies et embellies de l'éclat trompeur que peuvent leur prêter l'imagination et le sophisme, elles recommencent à séduire l'inexpérience. On frémit de l'idée qu'elles vont chercher encore à faire fortune dans le monde, ou plutôt à dépouiller le monde de tous les biens qu'il possède.

Puisque ces doctrines relèvent de nouveau la tête, il est du devoir de tout honnête homme de les appeler de nouveau devant le tribunal de la raison, de les examiner, de les juger, et, s'il est possible, de les condamner à jamais.

C'est à la discussion de ces principes, à l'examen de leur peu de valeur, à la rectification d'un grand nombre d'idées politiques qu'est destiné cet écrit.

Je n'espère pas ramener à mon opinion les hommes qui sont d'un avis contraire, et qui s'en sont déjà publiquement expliqués. Mon siècle ne m'est pas assez inconnu pour que j'ignore que la plupart des hommes regardent l'opinion qu'ils ont embrassée et soutenue, comme une propriété précieuse, à laquelle ils renoncent rarement d'eux-mêmes, et qu'ils se laissent plus rarement encore ravir par un autre.

Mais il y a aussi en Allemagne beaucoup d'hommes qui partagent ma croyance politique, et que je m'estimerois heureux d'affermir dans leur conviction ; il y a beaucoup d'esprits impartiaux qui n'ont pas encore sérieusement réfléchi sur les importantes questions indiquées dans cette brochure ; d'autres flottent encore dans l'incertitude et dans le doute ; puissé-je appeler l'attention des uns sur un sujet si grave, et épargner aux autres une partie de leur travail !

DE LA

SOUVERAINETÉ

ET DES FORMES

DU GOUVERNEMENT.

La Société.

Si l'état primitif de l'espèce humaine avoit été semblable à celui des animaux, on ne pourroit ni comprendre ni expliquer comment l'homme seroit devenu *homme*.

Ceux qui soutiennent que l'homme n'est qu'un animal développé à la faveur de circonstances heureuses, doivent nécessairement considérer l'animal comme un homme manqué, et à qui la destinée a été contraire. Que l'homme et l'animal sont spécifiquement différens, et qu'ainsi leur état primitif ne sauroit avoir été le même, c'est ce qui est démontré par ce seul fait, que l'animal, toujours semblable à lui-même, a toujours été resserré dans les mêmes limites, tandis que l'homme, se développant par degrés, est arrivé, de progrès en progrès, au point où nous le voyons aujourd'hui.

La nature de l'homme consiste dans une perfectibilité illimitée, qui se manifeste par un perfectionnement constant, sans jamais atteindre à la perfection.

Tous les états, comme toutes les actions de l'homme, ont leur fondement dans sa nature et sont naturels; mais ils ne sont pas tous d'accord avec sa nature, et ne correspondent pas tous à sa destination. Il n'y a donc aucun état de l'homme qu'on soit en droit d'appeler de préférence *l'état de nature.*

Les animaux, au contraire, sont des êtres finis et immuables. Ils paroissent plus parfaits que l'homme, par cela même qu'ils sont plus imparfaits. Artistes nés, ils demeurent constamment identiques; ils n'ont jamais exécuté leurs travaux ni mieux ni plus mal, avec plus ou moins d'adresse. Les premiers castors ont bâti aussi bien que les castors de nos jours;

et le jeune castor, quand il possède une fois assez de force pour travailler, ne montre point d'inexpérience.

L'homme et l'animal sont donc spécifiquement différens; le premier, est une intelligence qui se manifeste et est servie par des organes; le second, est un être organisé qui conserve et transmet son existence par des actions que déterminent des impressions physiques.

Ainsi donc, lorsqu'on veut faire commencer l'histoire de l'espèce humaine par l'*animalité*, c'est-à-dire, en supposant l'homme dans cet état d'animal qu'on appelle l'état de nature, on se met dans l'impossibilité de l'en faire sortir et de changer l'animal en homme. Que si, dans la nécessité de mettre l'homme en mouvement pour le faire parvenir à l'état où il est aujourd'hui, on entreprend de tracer l'histoire de son développement progressif, on se trouve réduit à écrire un roman; et ce roman est plein de lacunes auxquelles on ne sauroit échapper que par les transitions les plus brusques et les plus hasardées.

Tout ce qu'on dit d'un *état de nature*, est donc vain et sans fondement; cet état, tel qu'on se le figure et qu'on le représente, n'est autre chose que l'état de l'homme réduit à la condition et à la nature de l'animal.

La question : Quel a été l'état primitif de l'homme ? est une question historique. Si on trouve que l'histoire ne la résout pas ou ne la résout qu'imparfaitement, on peut sans doute concevoir hypothétiquement cet état primitif et le placer avant les temps historiques. Mais toute hypothèse qui n'explique pas les faits ou qui ne cadre pas avec les faits qu'elle doit expliquer, est à rejeter. Lors donc qu'on veut inventer un roman philosophique sur l'état primitif de l'homme, il faut que ce roman puisse correspondre à l'histoire et faire corps avec elle. Or, dans l'état imaginaire qu'on appelle communément l'état de nature, d'une part l'homme n'auroit pu assurer ni sa vie ni celle de ses enfans ; lui et les siens auroient succombé au besoin et à la misère : d'autre part, quand, par un prodige, il auroit échappé à tous ces dangers, l'homme, tel qu'on se plaît à le concevoir à cette époque, ne seroit jamais devenu l'homme que nous montre l'histoire. Cette hypothèse est donc dans une contradiction évidente avec la conservation, la propagation et le développement de l'homme ; cependant ce sont là des faits que nous ne saurions nier ;

l'insuffisance et l'absurdité de l'hypothèse sont donc démontrées.

La société, comme le langage, est un fait qu'on ne sauroit nier, et qui devient inexplicable lorsqu'on veut faire commencer l'histoire de l'espèce humaine par un état de pure animalité. Vouloir faire inventer à l'homme le langage et fonder la société, c'est se jeter dans un dédale de problèmes insolubles. L'activité libre de l'homme a modifié à l'infini et modifie chaque jour ces deux faits, le langage et la société ; mais l'homme ne les a pas produits une première fois, volontairement et à dessein ; ils se sont produits eux-mêmes, c'est-à-dire qu'ils ont été originairement donnés à l'homme.

S'il n'y a point d'*état de nature*, il n'y a non plus aucun *droit naturel;* mais il y a un *droit rationel*, fruit des notions qui se sont développées dans la raison humaine, et un *droit positif*, résultat de lois et conventions expresses. Dès que l'on conçoit l'homme en rapport avec d'autres hommes, aussitôt résultent de leur liberté mutuelle et de l'action qu'ils exercent les uns sur les autres, des limitations réciproques de la liberté, c'est-à-dire des droits et des devoirs correspondans.

Quand même l'homme n'existeroit pas, cela seroit évident pour une intelligence qui le concevroit; comme il seroit évident, quand même on n'auroit jamais tracé de cercle, que tous les rayons du cercle sont égaux. Dès, que l'homme existe réellement et que sa raison se manifeste, en lui se développe une loi qui, déterminant ses devoirs et ses droits, sert de règle à sa liberté intérieure et de frein à sa liberté extérieure : cette loi, en tant qu'elle se rapporte aux actions de l'homme, conduit à des obligations impérieuses, et ouvre ainsi la porte à un système de lois positives, tel qu'il existe dans l'état social.

Mais cette loi primitive qui sert, sinon de règle absolue, du moins de point d'appui à la jurisprudence positive des sociétés, ne seroit jamais venue à la connoissance de l'homme, si, né et élevé dans la société de la famille, il n'avoit appris là à avoir la conscience de ce qui est en lui.

Ainsi tout, dans l'homme, commence avec la société; il n'a jamais passé d'un état antérieur à l'état social; et il n'est jamais sorti de l'état social, à moins que des événemens extraordinaires ou des passions ne l'aient éloigné de la société ou ne l'en aient fait rejeter. De la famille sort la race; de la race naît le gouvernement de la race, et de là se forme l'Etat.

L'Etat.

On a fort combattu, de nos jours, la comparaison de la société politique avec la société de la famille, et de l'autorité du gouvernement avec l'autorité paternelle.

Le parallèle ne peut, il est vrai, se soutenir de tous points; cependant ces deux sociétés ont beaucoup de ressemblances, beaucoup de points de contact; et cette manière d'envisager la question peut au moins servir à en éclairer les principes.

Et d'abord le type de l'autorité souveraine se trouve dans l'autorité paternelle. De même que la première fait l'unité de la grande société, de même la seconde fait l'unité de la petite; et, sans une unité semblable, aucune société, grande ou petite, ne sauroit se concevoir. Ainsi que la puissance paternelle, la puissance souveraine consiste dans le droit de donner des lois à la société, c'est-à-dire d'établir une volonté comme règle de toutes les autres volontés. Les deux sociétés sont également obligées à reconnoître cette volonté générale pour règle des volontés particulières. Quand même, dans certain cas, cette volonté ne seroit pas ou ne paroîtroit pas conforme à la raison, la famille n'en doit pas moins obéir au père, comme l'Etat au souverain. La supposition contraire entraîneroit inévitablement la dissolution des deux sociétés. Des situations extrêmes peuvent entraîner des mesures extrêmes; mais les extrêmes sont des exceptions, et les exceptions ne peuvent servir de base à aucune règle.

En allant plus loin, dans la famille, les enfans sont le but, comme le peuple dans l'Etat: le gouvernement, et la souveraineté même, ne sont que des moyens; mais ce sont des moyens essentiels dans l'Etat, comme la puissance paternelle dans la famille. Le peuple a besoin d'être gouverné, comme les enfans; car ils ont également besoin d'être défendus, développés et élevés. Tous deux ont le droit d'exiger que ce soit la raison qui les conduise à leur but; mais ils ne peuvent, sans entraîner la ruine de la société, faire de leur propre raison la règle de ce qui est légitime, et la mettre à la place de celle qui les gouverne, lorsque celle-ci leur paroît s'écarter du but.

On a souvent voulu distinguer la société politique de la société de la famille, en disant que celle-ci étoit établie nécessairement par la nature, tandis que l'autre étoit l'ouvrage de la volonté libre des hommes. Mais cette prétendue distinction est inexacte au fond, et funeste dans ses conséquences. L'Etat existe nécessairement comme la famille, non seulement parce que l'Etat dérive de la famille, mais encore parce que l'homme, pour être, pour rester ou pour devenir homme, dans le sens le plus étendu de ce mot, est obligé de faire partie de l'Etat. La seule différence est celle-ci, que la famille se dissout avec le temps, tandis que l'Etat est immortel.

L'ordre social a donc ses fondemens dans la nature de l'homme, et ses racines se cachent dans les profondeurs de la raison et de la liberté humaines. Or, dès qu'on a prouvé que l'ordre social est une nécessité de la nature, sa légitimité originaire est démontrée.

L'Etat est donc un fait donné par les besoins de l'homme, et produit par la nécessité; mais aussitôt que l'homme, élevé et formé dans la société et par la société, parvient à avoir la conscience de lui-même, se rend compte du passé, considère avec réflexion ce résultat de la force des choses, le réduit à des idées générales, et le juge d'après des principes; alors l'Etat se montre à ses yeux, non plus comme une pure nécessité de la nature, mais comme le fruit nécessaire de l'action de la raison, et comme devant puiser dans la raison son but et ses lois.

On n'a donc nul besoin d'imaginer et de supposer un contrat primitif pour prouver la légitimité de la société politique, et pour l'asseoir, comme on l'a souvent prétendu, sur une base solide; non seulement un tel contrat n'a aucune racine historique, et il est impossible d'en trouver aucune trace dans le fait, mais encore il seroit en contradiction avec la nature humaine. A la manière dont on représente un tel contrat, il faudroit croire que l'Etat, ou l'ordre social, a pu ne pas exister, et que son existence pourroit légitimement cesser; suppositions également inadmissibles, puisque l'ordre social est la condition première et nécessaire de l'existence, du maintien et du libre développement de la raison et de la liberté humaines, c'est-à-dire de l'homme lui-même.

Enfin, vouloir expliquer l'origine de la société politique, et prouver sa légitimité par un contrat entre le gouvernement et les gouvernés, est une inconcevable chimère; car la distinction que ce contrat imaginaire établit entre les gouvernans et les gouvernés suppose que l'Etat, la société politique, existe déjà sous une forme ou sous une autre. Sans doute un contrat peut régler les relations qu'ont entr'eux les membres de l'Etat; sans doute on peut admettre un contrat destiné à déterminer les droits et les devoirs réciproques des gouvernans et des gouvernés; de tels contrats ont même réellement eu lieu; mais supposer un contrat primitif antérieur à toute histoire, à toute société politique, c'est méconnoître tous les principes comme tous les faits.

—

La Puissance souveraine.

Si l'on cherche à découvrir dans la nature seule de l'homme, indépendamment des faits et de toute institution politique, quel est le but de l'espèce humaine, on arrive à reconnoître que ce but est le développement complet de cette même nature humaine, de ce qui fait que l'homme est *homme*, de ce qu'on peut appeler, en donnant à ce mot un sens philosophique, l'*humanité*. De ce but résulte nécessairement la société, seule puissance légitime capable de protéger la liberté extérieure de l'homme, c'est-à-dire la liberté de ses actions, et de favoriser ainsi le développement de sa liberté intérieure, c'est-à-dire, de sa liberté morale : la société n'est que le concours d'un grand nombre de forces qui, par leur opposition comme par leur harmonie, se développent réciproquement et parviennent à se déployer dans toute leur énergie. De la notion même de la société, résulte encore que la création d'une puissance souveraine est la première condition de son existence, le principe sans lequel elle ne sauroit être; car cette puissance souveraine peut seule faire sortir de la multiplicité des êtres isolés, une unité véritable, créer une personne morale par la réunion des personnes physiques, et changer une masse d'individus placés les uns à côté des autres, en un tout régulièrement organisé.

Si la puissance souveraine est la condition de l'existence et le principe de la vie de toute société, de là suit que tous les hommes, conformément à leur nature raisonnable, ont ou doivent avoir la volonté d'établir ou de maintenir un ordre dans lequel seul, à l'aide d'une puissance souveraine dirigeante, ils peuvent devenir *hommes*, dans toute l'étendue de ce mot.

La puissance souveraine est celle qui détermine quelle doit être la volonté générale de la société; le souverain crée cette volonté, et quand il l'exprime, il donne des lois.

Tant qu'il n'existe aucune puissance souveraine, il n'existe point d'Etat, point de société politique. Il n'y a qu'un nombre plus ou moins considérable d'individus placés à côté les uns des autres dans le temps et dans l'espace; il y a une foule de volontés individuelles dont aucune ne sert de règle aux autres, et n'a le droit de les obliger, de les contraindre à exécuter ce qu'elle a prescrit.

L'essence de toute association politique est donc dans la souveraineté, dans la création d'une volonté générale.

Ce n'est donc qu'autant qu'il existe une volonté pareille qui oblige, ordonne, défend, quelles que soient sa nature et son action, qu'une réunion d'individus devient une société, un peuple, un Etat.

Il est donc absurde de dire que la souveraineté est inhérente au peuple, et qu'il ne peut l'aliéner; car cela supposeroit qu'un peuple a pu exister avant la souveraineté, tandis que l'existence d'un peuple ne commence que lorsque la souveraineté s'est réellement introduite sous telle ou telle forme, et que, partout où cela n'a pas eu lieu, il n'y a point de peuple.

La souveraineté n'appartient donc pas au peuple et ne lui est pas inhérente, comme on l'a prétendu toutes les fois qu'on a voulu renverser la souveraineté légitime et faire perdre au peuple les avantages de la stabilité de l'ordre social; il est également faux de dire que la souveraineté vient du peuple; car le peuple, en tant que peuple, lui doit son existence, et elle n'a été créée que pour lui. La souveraineté est le moyen ; le peuple est le but. Elle n'est point un avantage au profit de celui qui la possède et qui l'exerce ; elle est pour lui un devoir sacré. Ceux qui obéissent et qui sont soumis à la volonté générale ont des droits inaliénables qui imposent au souverain des devoirs inviolables. Les droits du souverain se fondent uniquement et exclusivement sur ses devoirs. On n'accorde donc pas trop aux gouvernemens, on n'ouvre pas à l'arbitraire toutes les portes, lorsqu'on refuse au peuple la souveraineté originaire ; et le peuple ne se dépouille pas trop lorsqu'il reconnoît cette vérité : il assure au contraire l'ordre social, et par là sa vraie liberté.

Dès que la souveraineté existe, elle fait connoître ce qui est élevé à la dignité de volonté générale ou doit être considéré comme tel. Le souverain fait des lois ; tant qu'elles ne sont pas en contradiction avec la loi morale, qui est la loi de Dieu, ces lois doivent être obéies et exécutées.

Rousseau a défini la loi que donne le souverain, et qui doit valoir comme volonté générale, par ces mots : « La loi est l'expression de » la volonté générale. » Selon Montesquieu c'est la raison humaine en tant qu'elle s'applique à l'existence individuelle et aux rapports particuliers d'un peuple. Ces deux définitions ont des points de contact et peuvent se fondre l'une dans l'autre : bien expliquées, elles sont toutes deux vraies; mais la première a besoin de plus d'explications que la seconde, et peut donner lieu à beaucoup plus de méprises. La volonté générale tend à la raison, et la raison sera tôt ou tard la volonté générale. Tous les hommes, lorsqu'ils peuvent mettre de côté leurs passions, leurs intérêts personnels et leurs relations particulières, veulent la raison; et la raison ne peut ordonner et vouloir que ce qui est également bon pour tous. Mais il vaut beaucoup mieux, et il est beaucoup plus sûr de déduire la volonté générale de la raison, c'est-à-dire de supposer que, si on veut ce qui est raisonnable, tous le voudront également, que de subordonner la raison à la volonté générale. Quels moyens a-t-on, en effet, de connoître la volonté générale si on ne consulte pas sa propre raison? On la confondra avec la *volonté de tous;* par suite de cette méprise, on cherchera, comme Rousseau, à connoître cette dernière volonté; on interrogera le peuple d'après des formes démocratiques; ou l'on s'efforcera, par toutes sortes de moyens, de connoître l'opinion publique du moment, opinion rarement d'accord avec celle des siècles. Les assemblées populaires ont souvent voulu et décidé les choses les plus absurdes, et l'opinion publique n'a pas toujours vu ce qui étoit raisonnable.

La définition que Montesquieu donne de la loi a besoin aussi d'être expliquée et rectifiée. Il est vrai de dire que la loi est une émanation de la raison universelle qui gouverne tous les peuples, en tant que cette loi détermine le but de l'association politique, but qui n'est autre chose que le développement harmonieux de l'homme tout entier, à la faveur de la liberté et de la justice. Ce but de l'existence de l'Etat, comme toutes les fins qui reposent sur des idées absolues et infinies, est assigné par la raison. Mais les moyens d'atteindre à ce but, pour un Etat donné, dans une situation déterminée, c'est l'observation seule des faits, c'est le jugement seul qui peut les indiquer, parce que c'est le jugement qui saisit les faits particuliers, les rapporte aux notions générales qu'il possède, et en déduit des conclusions.

Les lois sont d'accord avec la raison quand elles ont atteint au plus haut degré de bonté relative. De là suit que les lois doivent se faire en quelque sorte elles-mêmes ; car il faut qu'elles naissent des rapports spéciaux, de la situation particulière du peuple, et que ces rapports, cette situation, influent sur leur nature. Le législateur énonce les lois et les coordonne avec l'état du peuple, mais sans cesser d'avoir l'œil fixé sur le but constant et universel de toute société. De là résulte le principe de l'éternelle mobilité des lois unie à leur stabilité; il y a, en effet, dans l'état d'un peuple, des rapports qui demeurent toujours les mêmes, et d'autres qui changent perpétuellement; et le législateur qui, en examinant le présent, s'applique à prévoir l'avenir, ne doit jamais perdre de vue le passé, car le passé contient tout, ce qui est nouveau comme ce qui est ancien.

La puissance législative ou la souveraineté est, comme nous l'avons vu, le principe organique, le principe de vie de l'Etat. Le peuple n'existe pas avant l'Etat; avant l'Etat il n'y a que des peuplades, dont l'identité d'origine et de langage est le seul lien; l'Etat n'existe pas non plus avant le peuple ; mais l'Etat et le peuple se forment et se développent ensemble, de telle sorte qu'on ne peut comprendre l'un sans l'autre. Ce qui constitue un peuple et un Etat, c'est l'unité ; cette unité, considérée indépendamment de toutes les formes sous lesquelles elle peut se produire, n'est concevable qu'autant que de la multitude des individus se forme une personne morale. Cette personne morale ne peut se former qu'autant qu'on établit une volonté générale ou législative, à laquelle doivent se conformer toutes les volontés particulières. Cette volonté générale, qui suppose et doit réunir en soi l'intelligence, la liberté et la force, est la souveraineté. Cette notion de la souveraineté reçoit des formes déterminées, et la diversité de ces formes nous donne les divers gouvernemens.

Division du Gouvernement.

Ce qui constitue la nature d'un gouvernement, c'est la manière dont y est organisée la souveraineté. La division des pouvoirs n'est pas le caractère distinctif des différentes formes de gouvernement. On trouve dans tout Etat un pouvoir législatif, un pouvoir judiciaire, un pouvoir exécutif et un pouvoir administratif; parce que, dans toute unité politique, comme dans la nature humaine, il y a une raison qui établit ce qui est absolu et universel, les principes; une volonté qui fait de ces principes la règle des actions; un jugement qui les applique aux cas particuliers, et une force physique éclairée qui les fait observer et exécuter. Mais la puissance législative de laquelle découlent toutes les autres, qui leur donne la forme et les met en mouvement, est toujours le point fondamental. Les formes des pouvoirs judiciaire, exécutif et administratif ne sont pas des élémens essentiels du gouvernement. Quoiqu'elles restent les mêmes, le gouvernement peut changer, si la souveraineté est constituée d'une manière différente; et, quoiqu'elles changent, le gouvernement peut au fond rester le même. On ne sauroit nier qu'une certaine organisation de l'ordre judiciaire, de l'administration et du pouvoir exécutif ne soit intimement liée à telle ou telle forme de gouvernement, et ne s'y rapporte comme une partie se rapporte au tout, lorsque toutes les institutions dans l'Etat sont conséquentes entre elles; mais elle en est si peu inséparable que souvent l'organisation de l'ordre judiciaire ou l'administration, par leur convenance locale et par l'esprit qui en dirige la marche, esprit qui dépend beaucoup plus du caractère des personnes que des formes des institutions, suppléent aux défauts et aux lacunes du gouvernement. Les vices de l'organisation judiciaire peuvent également empêcher ou corrompre l'influence salutaire d'un gouvernement bien constitué. Aussi n'est-il rien de plus erroné et de plus étroit que de prétendre juger de l'état d'un peuple, uniquement d'après la forme de son gouvernement.

Cependant la notion de la souveraineté est la seule mesure commune d'après laquelle on puisse juger les gouvernemens anciens et modernes, et le seul principe qui puisse servir de base à une classification exacte des constitutions politiques.

La souveraineté est ou partagée ou concentrée; elle se présente tantôt sous une forme simple, tantôt sous une forme mixte. Dans le premier cas, la volonté générale ou la loi est l'expression de la volonté d'une seule personne morale ou physique; dans le second, la volonté générale ou la loi est le résultat du concours des volontés de plusieurs personnes morales ou physiques.

Lorsque la souveraineté est simple et non partagée, il en résulte la distinction très-naturelle, bien qu'imparfaitement exacte, des gouvernemens en *monarchies*, *aristocraties* et *démocraties*; la souveraineté appartient en effet ou à un seul individu qui la possède par droit d'hérédité, ou à plusieurs individus qui l'exercent au même titre, ou à la réunion des hommes libres qui ont atteint un certain âge. Dans la famille, racine de l'Etat, on trouve déjà, lorsqu'elle devient nombreuse, l'élément monarchique, l'élément aristocratique et l'élément démocratique. Le père est le monarque; les fils aînés, lorsqu'ils sont grands, et que cependant, comme cela continue à avoir lieu chez un grand nombre de peuples pasteurs et nomades, ils vivent encore sous la puissance paternelle, sont les *principaux* (αριστοι), qui sont appelés à délibérer dans les occasions importantes. La totalité des membres de la famille est consultée ou au moins informée, quand il s'agit d'entreprises ou d'événemens qui doivent influer sur la situation de tous. Lorsque de la famille sort la race ou la tribu, l'existence des trois élémens se fait encore mieux sentir. A quoi en rapporter l'origine? A ce que, dans toute société, il y a trois besoins essentiels; l'unité de la direction, l'étendue et la variété de la délibération, la rapidité de l'exécution. Pour l'unité de la direction, il faut un seul homme, et ce doit être dans la tribu, le plus fort, le plus expérimenté, le plus considéré, le chef de la race; pour la délibération on a besoin des membres de la tribu les plus influens, les plus éclairés, ce sont les autres pères de famille; pour l'exécution, le concours de toute la communauté, c'est-à-dire des autres membres de la famille ou de la tribu, devient nécessaire.

On peut objecter contre cette classification qu'une monarchie peut être administrée démocratiquement, et qu'une démocratie peut prendre une couleur monarchique. On peut dire aussi avec raison qu'il n'y a dans le fait aucune démocratie, aucune monarchie, aucune aristocratie pure. Dans la démocratie, la portion du peuple qui est riche, instruite et éclairée, a seule le temps, l'envie et les connoissances nécessaires pour gouverner : tantôt, comme à Athènes, la plupart des citoyens n'ont pas besoin de passer tout le jour à travailler : tantôt, comme dans les petits cantons de la Suisse, les affaires publiques sont si simples et en si petit nombre, qu'il seroit inutile d'en occuper tous les citoyens. Aussi toutes les démocraties dégénèrent-elles, tôt ou tard, en aristocraties, et celles-ci en oligarchies. De même il n'y a point de monarchie pure, car la monarchie est toujours une aristocratie plus ou moins prononcée. Mais dans le premier cas, lorsque la souveraineté demeure inhérente à la communauté des citoyens, le gouvernement reste démocratique; et, dans le second, lorsque la souveraineté ne se manifeste que dans la personne du monarque, le gouvernement reste monarchique. Que l'aristocratie se rapproche de la monarchie ou de la démocratie, selon qu'elle est plus ou moins resserrée; que la démocratie, lorsqu'elle ne se change pas en ochlocratie, a toujours ou prend bientôt quelque chose d'aristocratique; ce sont là des modifications inévitables, ou plutôt de lentes et naturelles améliorations; mais la différence des principes fondamentaux sur lesquels reposent ces divers gouvernemens, n'en est pas moins claire et réelle.

Dans les gouvernemens mixtes, c'est-à-dire dans ceux où la souveraineté est divisée, il y a autant de constitutions possibles qu'il peut y avoir de combinaisons des trois élemens ci-dessus indiqués, ou des formes électives et des formes héréditaires; car les trois élémens peuvent aisément se réduire à ces deux derniers. A cette seconde espèce de gouvernemens appartiennent la monarchie aristocratique, comme en Hongrie; l'aristocratie monarchique, comme autrefois en Pologne; la démocratie monarchique, comme la constitution française de 1791; la monarchie combinée avec un élément aristocratique et un élément démocratique, comme en Angleterre, et beaucoup plus imparfaitement en Suède; la démocratie aristocratique de Rome, dans le premier siècle de la république; et l'aristocratie démocratique d'Athènes, après la prompte altération des lois de Solon.

Au lieu de toutes ces subdivisions, il seroit

beaucoup plus convenable et beaucoup plus simple, de classer les gouvernemens mixtes d'après la manière dont s'associent ou se combinent les *élémens héréditaires* ou *permanens* avec les *élémens électifs* ou *mobiles*.

Le despotisme est aussi peu une forme de gouvernement que l'anarchie; car, dans les deux cas, il n'y a point de souveraineté, c'est-à-dire point de volonté générale qui se manifeste par des lois. Dans le despotisme, c'est la volonté d'un individu qui décide, dans chaque cas particulier, selon son caprice; dans l'anarchie, ce sont les volontés isolées de tous les individus. Ce sont là deux maladies destructives de l'organisation sociale, et non deux formes d'organisation. Le despotisme est un des plus épouvantables fléaux de l'humanité, une dégradation de la société politique; dégradation plus ou moins possible sous tous les gouvernemens. C'est non seulement l'arbitraire personnifié, mais le mot seul indique d'avance que c'est le plus détestable emploi de l'arbitraire. La puissance protectrice devient une puissance oppressive dirigée contre le but même de la société, et ce but n'est bientôt plus qu'une vaine chimère. Rien ne prouve mieux que Montesquieu, dans son immortel ouvrage *de l'Esprit des Lois*, n'a voulu donner aucune théorie de la législation, que la place qu'il a accordée au despotisme parmi les formes de gouvernement. Ce n'est pas comme une forme qui puisse servir de type, mais comme une monstrueuse aberration qu'il le représente; il ne le peint pas comme une idée qui puisse ou doive être transformée en une réalité, mais comme un fait de l'histoire des hommes et des gouvernemens. La description qu'il en trace, avec sa manière froide, simple et impartiale, est d'une vérité pénétrante. Il ne construit pas un état despotique d'après des notions intellectuelles; il raconte des faits, et ces faits forment un tableau qui surpasse tout ce qu'on a jamais écrit de plus violent contre le despotisme. Montesquieu ne s'échauffe point, ne se propose point d'exciter l'indignation; et cette froideur apparente qui éloigne tout soupçon d'exagération ou d'altération des faits, agit puissamment sur l'âme du lecteur. Montesquieu décrit le despotisme, comme Buffon décrit l'hyène ou le tigre.

C'est contre le despotisme et l'anarchie que sont dirigées les différentes formes de gouvernement; et selon que leurs combinaisons ont été plus ou moins heureuses, elles ont tantôt atteint, tantôt manqué ce but; écarté ou favorisé, combattu ou développé ces déplorables maladies de la société, mais sans jamais en détruire irrévocablement le germe qui se cache profondément dans la nature de toute association politique.

Nature des Gouvernemens mixtes.

Les gouvernemens mixtes, dans lesquels la souveraineté est partagée, peuvent fournir d'excellentes armes contre les deux fléaux dont nous venons de parler et qui menacent constamment le corps social. Ce n'est pas que la division de la souveraineté, quelle qu'elle soit, soit, par cela seul, préférable aux formes simples des gouvernemens où la souveraineté est concentrée. Tout dépend de la nature de l'organisation politique, et du mode suivant lequel les différentes volontés concourent à la formation de la volonté générale. Cependant on peut dire que, communément, là où la souveraineté est convenablement divisée, les peuples acquièrent et déploient un sentiment plus vif de leur dignité, de leur liberté, et par conséquent une plus grande énergie morale; que les gouvernemens mixtes éveillent et nourrissent l'esprit public en appelant un plus grand nombre d'individus à prendre part à la chose publique; que le partage de la puissance législative entre plusieurs élémens qui exercent les uns sur les autres une véritable influence, prévient beaucoup d'erreurs, combat avec avantage la prépondérance des intérêts personnels, et empêche le développement d'un certain genre de despotisme; enfin, que cette forme de gouvernement ouvre aux vertus et aux talens politiques une carrière honorable, et leur fournit de belles occasions de se développer, de se fortifier, et de se préparer ainsi aux grandes fonctions de l'Etat.

La question importante est toujours de savoir quels sont les principes d'après lesquels doivent être organisés les gouvernemens mixtes pour procurer et assurer à un peuple ces précieux avantages.

Ce grand problème, comment doit être constituée la souveraineté pour que le but de l'association politique soit atteint, ne sauroit se résoudre d'une manière générale. La raison détermine invariablement ce but, et il est le même pour tous les temps et pour tous les lieux; mais les moyens de l'atteindre sont aussi multipliés et aussi divers que les hommes, les pays et les siècles. La connoissance la plus exacte de toutes ces circonstances physiques et morales, l'examen le plus approfondi de toutes les *spécialités* d'un peuple, l'attention la plus constante à prendre en considération et son état passé et son état présent, sont les seuls moyens de résoudre une question si grave, et d'arriver à d'utiles résultats. La meilleure constitution est toujours celle qui naît du caractère propre et de toute l'histoire d'une nation, et qui lui est si bien adaptée qu'elle ne puisse s'appliquer, avec le même succès, à aucun autre Etat. S'il est vrai que Solon eût donné aux Athéniens les meilleures lois qu'ils pussent supporter, il avoit atteint à toute la perfection possible, en fait de législation. Quelles sont, d'une manière générale, les meilleures lois, est, à mon avis, une phrase absurde; car il n'y a pas plus un seul type de gouvernement pour tous les Etats, qu'un seul type d'écluse de digue ou de pont pour tous les fleuves.

On peut déduire cependant de l'histoire des peuples, de l'expérience des siècles et de l'examen de la nature humaine, quelques conditions fondamentales, quelques principes certains, propres à faire naître et à conserver, dans les gouvernemens mixtes, une véritable vie politique. Ce sont ces principes que j'essaierai de découvrir.

1°. Les formes représentatives, que ne connoissoient pas les anciens, ces formes qui permettent seules à un grand peuple de prendre part à la législation, et qui le préservent de l'anarchie, c'est-à-dire du despotisme de la multitude, sont les seules qui puissent et doivent servir de base à un gouvernement mixte. Personne ne peut plus songer aujourd'hui à chercher la liberté politique dans les assemblées populaires, et à prétendre l'assurer par un tel moyen (*a*).

2°. C'est dans le but de l'association politique qu'il faut chercher quelle doit être la mesure de la coopération ou de l'influence de la multitude : mais il ne faut pas faire consister ce but même dans la plus grande influence possible de la communauté des citoyens. Le but de la société est le développement progressif et harmonieux de la nature humaine dans les individus dont la société est composée : les premières conditions à la faveur desquelles on peut l'atteindre, sont la liberté et la sûreté, c'est-à-dire l'empire de lois justes, seule ga-

(*a*) Note I.

rantie de la liberté. Lors donc qu'on demande : Qui doit être appelé à représenter le peuple? il faut répondre : Ceux en qui l'on peut supposer le plus de liberté et le plus de capacité pour remplir une telle fonction; ceux qui ont le plus grand intérêt à la sûreté et à la stabilité de l'ordre social : ce sont, sans contredit, les propriétaires. La propriété, cette singulière et mystérieuse union des personnes avec les choses et des choses avec les personnes, est le véritable lien de la société. Les droits politiques des citoyens doivent donc être dans un rapport immédiat avec leur propriété, et une certaine fortune est la première condition de la faculté d'être représentant. La fortune ne garantit, il est vrai, ni le talent, ni les lumières, ni le désintéressement, ni le patriotisme ; elle n'exclut point la corruption; cependant elle la rend moins probable, parce qu'elle la rend plus difficile : une fortune honnête a été, de plus, un moyen d'éducation; elle assure à celui qui la possède le temps et les ressources dont il a besoin pour s'éclairer et développer ses facultés. Le génie se fait jour à travers l'indigence, et les obstacles même qu'elle lui oppose ajoutent quelquefois à sa force et à son élévation; mais le génie est une exception, qui ne sauroit servir de base à la règle. Exiger d'un représentant une certaine fortune, ce n'est ni introduire chez un peuple l'aristocratie des richesses, la plus funeste de toutes les aristocraties, ni enlever à la plupart des citoyens l'espérance de parvenir à la plus honorable des fonctions. La propriété est dans un mouvement perpétuel, et change sans cesse de maître. Le malheur ou des fautes appauvrissent le riche; le hasard, l'activité, le talent, enrichissent le pauvre. C'est donc favoriser l'accroissement de la richesse nationale, qu'assigner à la propriété le rang le plus élevé dans l'ordre politique; car c'est exciter, par un nouvel attrait, l'activité et le travail des citoyens. Sans doute un homme de génie peut se trouver exclus de la représentation nationale; mais il est moins dangereux de s'exposer à cette perte que de faire partager la puissance législative aux novateurs, aux imprudens, à tous ceux dont l'orgueil, la vanité ou l'avidité ont tout à gagner et rien à perdre dans des entreprises violentes ou des combinaisons hasardées.

3°. Tout pouvoir qui fait partie intégrante de l'organisation de l'Etat, qui doit y agir comme principe de vie et comme garantie de la liberté, mais surtout le pouvoir législatif, peut se tourner contre l'Etat lui-même, et en attaquer, en détruire même l'existence. C'est pour éviter cet écueil et prévenir le despotisme qu'on s'est appliqué à diviser la souveraineté de manière à opposer pouvoir à pouvoir. Sans doute la nouvelle puissance pourroit dégénérer en despotisme ; mais elle est contenue et limitée par une autre puissance qu'elle limite et contient à son tour. De l'action opposée de plusieurs forces, dont chacune pourroit devenir funeste à l'Etat, naissent la liberté et la sûreté. Quand l'œuvre de la législation est ainsi partagée, la loi est considérée sous un plus grand nombre de faces et préparée avec plus de maturité : l'opposition et la lutte des pouvoirs neutralisent les intérêts particuliers, et rendent les passions moins nuisibles. Cette lutte n'est souvent que celle des passions (car à quels hommes la législation pourroit-elle être confiée, si l'on exigeoit qu'ils fussent exempts de passions ?) mais la lutte même des passions leur ôte ce qu'elles ont de plus redoutable ; et quand divers intérêts se combattent, sans qu'aucun puisse obtenir une prépondérance absolue, ils finissent par se taire et par s'accorder, ne fût-ce que par désespoir.

4°. Mais, demande-t-on enfin, comment doit être divisée la puissance législative, comment doit être représenté l'intérêt national, pour obtenir ces salutaires résultats?

La nature de tout Etat, comme la nature de tout homme et de tout être, est un composé de stabilité et de mobilité, de parties qui demeurent constamment les mêmes et de parties qui changent avec le temps. Tout corps politique, comme tout corps organisé, a des élémens permanens et des élémens variables. Il faut bien que quelque chose y demeure identique et immuable, car, sans cela, le corps perdroit son *individualité;* il faut bien que quelque chose y change, car, sans cela, le corps ne se développeroit, ne se perfectionneroit jamais. Il doit donc y avoir dans tout Etat un principe de conservation et un principe de mouvement : si l'un ou l'autre de ces principes manque, ou si l'un vient à l'emporter sur l'autre, l'Etat est en danger. L'Etat réunit même, à un bien plus haut degré que les individus, ce double caractère de stabilité et de mobilité; car, d'après sa nature, il doit être considéré comme immortel. Ce qu'il contient de constant et de variable, de permanent et de mobile, le principe de la conservation et le principe du mouvement doivent donc entrer en ligne de compte dans la confection des lois ; sans quoi les lois ne seroient pas l'ouvrage de la raison et de la prudence ; sans quoi la législation, également étrangère au passé et à l'avenir, se borneroit à considérer le présent qui bientôt ne sera plus. Les deux élémens doivent donc concourir à l'œuvre de la législation ; les deux principes doivent y être représentés : le principe de la permanence, par quelque chose de permanent ; le principe de la mobilité, par quelque chose de mobile. Au premier principe correspondent les représentans héréditaires ; au second, les représentans électifs : au premier, une propriété immobilière, incommutable ; au second, une propriété mobilière, aliénable. On voit donc que, dans une constitution monarchique, la souveraineté ne sauroit être plus convenablement partagée qu'entre le Roi et la noblesse d'une part, et d'autre part les représentans de la nation.

Les anciens ne connoissoient pas la noblesse ; les Orientaux ne la connoissent pas encore : voilà pourquoi les anciens n'ont jamais connu la monarchie, tandis que les Orientaux n'ont jamais pu se soustraire au despotisme. Comment s'est formée, dans le moyen âge, la noblesse européenne, si différente du Patriciat? c'est là une question historique qui n'appartient pas à notre sujet. Peut-on créer une noblesse? question que je résoudrois par la négative : devroit-on chercher à en créer une, s'il n'y en avoit point? question oiseuse. La noblesse existe, et son existence est un bonheur; car elle fournit un élément admirable pour un bon gouvernement. La noblesse peut seule, avec un Roi héréditaire, servir à représenter dans l'Etat le principe de permanence et de conservation.

Les deux principaux caractères de la noblesse sont : hérédité du titre, inaliénabilité de la propriété territoriale. Ces deux caractères la rendent spécialement propre à jouer le rôle de puissance intermédiaire. Comme propriétaire, elle a des points de contact avec le peuple, et son véritable intérêt n'est jamais séparé de celui de la communauté des citoyens. La noblesse, en sa qualité de propriétaire, ne peut aimer ni favoriser le pouvoir arbitraire; elle doit même s'y opposer, ne fût-ce que par intérêt, surtout dans les pays où il n'existe pas deux systèmes de législation et d'impôt, et où la noblesse supporte les mêmes charges et obéit aux mêmes lois que les autres citoyens.

Comme revêtue d'une dignité héréditaire, la noblesse a de même des rapports avec le Roi, dont la puissance héréditaire est d'autant plus assurée que d'autres citoyens possèdent comme lui des avantages héréditaires. Elle est plus près du peuple que le Roi, et plus près du Roi que le peuple ; ainsi, sans avoir des intérêts opposés à ceux du peuple ou à ceux du Roi, elle a cependant un intérêt distinct de chacun de ceux-là, considérés isolément : elle a, avec le Roi et avec le peuple, des points de contact et des points de divergence ; et voilà pourquoi elle est spécialement destinée, en Europe, à prendre, dans le partage de la souveraineté, le rôle de puissance intermédiaire.

Mais, pour se bien acquitter de ce rôle, il faut que la noblesse possède de grands fonds de terre ; sans cela, elle ne jouiroit, dans ses rapports avec le Roi, d'aucune indépendance, et n'obtiendroit, de la part du peuple, aucune considération. La noblesse vivroit alors aux dépens de l'Etat, et ne pourroit opposer aucun contrepoids à la puissance royale, ou bien elle se livreroit au commerce et à l'industrie. Dès qu'elle ne posséderoit plus qu'une fortune mobilière, elle se confondroit avec le peuple, prendroit les mêmes vues, le même intérêt, et, jetée ainsi dans un état incertain et changeant, elle ne représenteroit plus l'élément permanent de la société.

Mais pour que la noblesse demeure toujours en possession de grands fonds de terre, il faut que les lois civiles s'opposent à l'aliénabilité de ses biens. L'existence de la noblesse est étroitement liée à l'institution des substitutions et des majorats. Ces institutions peuvent être nuisibles à certains égards, surtout lorsqu'elles s'étendent à une trop grande quantité de fonds de terre, et que les nobles sont en trop grand nombre dans un pays. Mais, contenues dans de justes bornes, elles ont d'importans avantages politiques.

Quand il existe auprès du Roi une noblesse pareille, capable de représenter ce qu'il y a de fixe et de permanent dans l'Etat, alors la souveraineté peut être divisée en trois parts, différentes, il est vrai, mais non opposées; et cette division peut seule remplir le but des Gouvernemens mixtes. Si les pouvoirs destinés à se limiter réciproquement n'étoient au nombre que de deux, l'objet ne seroit pas atteint, car il n'y auroit point là de balance; on n'auroit que les deux bassins, sans le fléau nécessaire pour les unir. Un troisième pouvoir est seul propre à remplir ce vide, et à faire de la réunion des pouvoirs un tout complet et harmonieux. Si ce troisième pouvoir étoit tout-à-fait dissemblable des deux autres, les trois pouvoirs se trouveroient si opposés, qu'il n'en résulteroit aucune véritable combinaison d'actions réciproques. Si au contraire il étoit tout-à-fait semblable à l'un des deux autres, il se confondroit avec ce dernier, et il n'y auroit alors aucun équilibre de forces.

Le pouvoir intermédiaire doit donc avoir une certaine affinité et des points de contact avec les deux autres, et cependant en être différent. Alors seulement les forces politiques seront, non pas divisées et opposées, mais distinctes et séparées, non pas confondues, mais unies. Dans tous les Gouvernemens mixtes où il n'existe que deux pouvoirs, qu'ils soient de nature semblable ou diverse, le but de la division des pouvoirs est manqué. Dans le premier cas, le despotisme ne tardera pas à paroître ; dans le second, naîtra un long et sanglant combat qui finira de même par le despotisme, car il faudra bien que l'un des deux élémens l'emporte sur l'autre ou lui cède la victoire. A Athènes, d'après la constitution de Solon, le pouvoir étoit partagé entre le sénat et le peuple ; mais ces deux élémens étoient tellement semblables qu'ils se confondirent bientôt, et qu'il en résulta le plus insupportable des despotismes, celui de la multitude. A Rome, dans les beaux temps de la république, les deux élémens étoient plus différens, mais il n'y en avoit que deux. La différence qui existoit entre le sénat et le peuple amena un combat terrible, en prolongea l'opiniâtreté et la durée, et lorsque l'élément aristocratique eut enfin perdu la prépondérance, Rome tomba dans une démocratie sanglante, dont elle ne put sortir que par la tyrannie. La démocratie royale qu'avoit établie en France la constitution de 1791, n'y a pas duré longtemps, et l'élément de la royauté a bientôt été vaincu et anéanti.

Encore une considération importante; trois choses sont nécessaires pour la confection de la loi : la proposition, la délibération, la résolution. Dans les Gouvernemens d'une forme simple, ces trois actes sont l'ouvrage d'un seul et même pouvoir. Dans les monarchies absolues, le monarque permet en général à ses ministres la proposition et la délibération. Dans les aristocraties et dans les démocraties, le Gouvernement, comme les *Pregadi* à Venise, et le sénat à Athènes, présente ordinairement au Souverain la proposition de loi, après en avoir préalablement délibéré. Dans les Gouvernemens mixtes, où la souveraineté est partagée, la résolution définitive appartient à l'élément monarchique, qui donne ou refuse la vie à la loi par sa sanction ou son rejet. Cela doit être, car il faut que celui qui est chargé de l'application et de l'exécution de la loi, la trouve bonne et convenable : et qui est mieux placé que lui pour juger de son utilité ou de son danger? La délibération appartient toujours aux élémens démocratique et aristocratique, et cela est fondé en raison; quand on a à délibérer sur une question, on ne sauroit entendre trop de voix et recueillir trop d'avis. Quant à la proposition, trois moyens ont été employés. Le droit de proposer est dévolu ou à l'élément monarchique seul, ou à l'élément démocratique seul, ou aux trois élémens indifféremment. Le premier cas a lieu actuellement en France; le Roi peut seul proposer la loi. Chez une nation si vive et si mobile, après une révolution qui a tout bouleversé et tout laissé en mouvement, cette combinaison a probablement été sage et prudente (*a*). Mais en général il paroît certain que le droit de proposer des lois, c'est-à-dire le principe de mobilité dans le Gouvernement, doit être placé dans l'élément électif, et que le droit de la résolution, soit par l'adoption, soit par le rejet, appartient plus convenablement à l'élément héréditaire. Cependant si l'élément démocratique possédoit seul le droit de proposition, il joueroit un rôle trop brillant dans l'opinion publique, et paroîtroit le seul principe de vie et de perfectionnement du corps politique. Le Roi ou le Gouvernement, qui sait mieux que personne de quelles lois l'Etat a besoin, ne pourroit les proposer; et comme il seroit obligé en même-temps d'exercer souvent son droit de rejet, on l'accuseroit bientôt de ne pas vouloir et d'empêcher le bien. Aussi convient-il beaucoup mieux, comme cela a lieu en Angleterre, d'accorder aux trois pouvoirs le droit de proposer la loi; ils partagent ainsi le mérite de faire de bonnes propositions, et alors les élémens monarchique et aristocratique sont en état, non seulement de maintenir ce qui est, mais encore de contribuer à amener ce qui doit être.

(*a*) Note II.

Que la Législation politique doit nécessairement être très-variée.

Quelle que soit la vérité des idées et des considérations que je viens d'exposer, ce seroit une grande et dangereuse erreur que de les considérer comme des principes rigoureux, absolus et servant ou devant servir de base à tous les gouvernemens. Ce ne sont que des maximes déduites de l'observation et de l'expérience, applicables à un grand nombre de cas, mais qui n'ont cependant qu'une vérité relative, une généralité comparative, et dont l'application est bornée.

Ce n'est pas avec ces maximes et par leur seule vertu, qu'on peut réussir dans la pratique; encore moins peut-on les appliquer à tous les temps et à tous les lieux, ou les introduire brusquement dans un Etat auquel elles ont été constamment étrangères, et lui donner ainsi une constitution.

Il n'en est pas dans la politique comme dans la philosophie morale. Dans cette dernière, ce qui doit être nous donne la mesure d'après laquelle nous jugeons ce qui est. Pour exposer la théorie complète de nos devoirs, on n'a pas besoin de s'éclairer par l'examen de nos actions. Quand on ne pourroit citer dans le monde aucune action vertueuse, le devoir n'en seroit ni moins obligatoire ni moins impérieux. Il en est tout autrement dans la politique; ses maximes sont fondées sur des combinaisons de l'esprit, et ces combinaisons sur des faits. L'état passé et l'état présent d'un peuple peuvent seuls nous instruire de ce qui est possible chez lui en fait de gouvernement. Ce sont là les seuls points d'appui d'où le génie politique puisse s'élancer dans le domaine de l'avenir. La connoissance de ce qui a été est indispensable ici pour aider à prévoir ce qui sera; ce qui a déjà été fait peut seul indiquer ce qu'on peut faire, et l'unique règle de conduite que l'on puisse adopter doit être puisée dans la considération de ce qui est utile et possible, à chaque époque et dans chaque circonstance.

Tout dépend donc de l'histoire et de la situation de la nation; lorsqu'on sait bien ce qu'elle a été, comment elle a changé successivement, ce qu'elle est; lorsqu'on a soigneusement examiné quel caractère propre lui ont fait prendre son climat, son sol, son genre de vie, son activité industrielle, ses habitudes, son existence domestique, sa religion, les idées et les sentimens qui y règnent, et comment de toutes ces causes est résulté son état présent; alors, mais seulement alors, on est en droit de porter un jugement sur les modifications et les améliorations que permet ou qu'exige son gouvernement.

Aucune constitution n'a une valeur absolue; la meilleure n'a jamais qu'un mérite relatif, limité par les circonstances de temps et de lieu. Toutes les constitutions peuvent, selon les circonstances qui surviennent, produire de bonnes ou de mauvaises lois; toutes peuvent dégénérer, toutes peuvent se perfectionner. Souvent une constitution paroît admirable en théorie; car la théorie fait abstraction de toutes les *spécialités*, et, dans sa marche indépendante et fière, elle ne tient aucun compte de la résistance que les réalités apporteroient à ses principes : mais aussitôt qu'on en vient à l'exécution, les faits négligés ou méprisés se vengent, et la théorie tombe en ruine par le seul effet de leurs frottemens. En revanche, mainte constitution qui ne paroîtroit sur le papier qu'un ridicule assemblage d'élémens hétérogènes, a duré pendant des siècles et produit les plus beaux résultats. Les maladies ont fait découvrir les remèdes; les défauts se sont insensiblement corrigés; la sagacité, l'expérience, la nécessité, le temps, ont rempli beaucoup de lacunes; et enfin il est arrivé au peuple qui a vécu long-temps sous les lois de cette constitution, ce qui arrive aux propriétaires d'une maison ancienne et irrégulière qui a été accommodée à leurs besoins; ils s'y trouvent si bien qu'ils se résoudroient avec peine à l'échanger contre une maison plus moderne et plus belle.

Ainsi, en politique et en législation, plus encore que dans toute autre science, la théorie seule est de peu d'usage : elle ne s'accordera jamais complétement avec la pratique, et réussira rarement dans le fait. La théorie ne saisit que les ressemblances pour les réunir sous un point de vue commun; elle laisse de côté toutes les différences qu'entraînent la situation et les rapports particuliers de chaque Etat. La réalité, au contraire, ne connoît que des individus; elle est étrangère à toute généralité; chaque existence particulière est essentiellement différente de toute autre existence. La pratique a donc précisément à faire avec ce dont la théorie ne tient et ne peut tenir aucun compte (a).

Rien n'est donc plus opposé aux véritables progrès de la politique que l'esprit de secte, les doctrines absolues, et ce malheureux penchant des hommes à adopter quelques principes inflexibles qu'ils s'efforcent d'appliquer à tous les Etats. L'infinie variété de la nature ne se laisse pas traiter et manier avec cet instrument uniforme. Plus une constitution est spécialement appropriée à un certain peuple, moins on réussira à l'introduire chez un autre peuple. Chaque peuple a, ou doit revêtir avec le temps, un caractère national particulier, afin que la nature humaine, qui ne pourroit se développer tout entière chez un seul peuple, se manifeste et se déploie d'une manière complète à la faveur de la diversité des Etats : et qui pourroit nier que le caractère national soit inséparable de certaines formes politiques?

Il y a plus : lorsque, dans un grand royaume, les provinces dont il est composé fournissent des élémens très-différens, l'unité de l'Etat n'exige pas que toutes les provinces soient régies par les

(a) Note III.

mêmes lois. C'est dans l'unité de la puissance souveraine et non dans l'uniformité des lois que consiste l'unité politique. Lorsque le centre de l'Etat, la souveraineté, est déterminé et fixé d'une manière inébranlable, lorsque tout part de ce centre et y revient, alors les formes d'après lesquelles s'exerce le pouvoir, et les lois mêmes peuvent, sans inconvénient, varier à l'infini. L'unité même de l'esprit national n'a point à en souffrir; car il faut la chercher, et on la trouve dans l'identité des sentimens qui animent les citoyens, dans un même amour pour la patrie, bien plus tôt que dans l'uniformité des usages et des idées (1).

Ainsi, comme nous l'avons déjà dit, avoir constamment égard à la situation particulière d'un peuple, et adapter, autant que possible, les lois à ce qui constitue son *individualité* nationale : tel est le seul principe qui soit commun à toutes les législations, et qu'on ne doive jamais perdre de vue. Aucun publiciste n'a appliqué et développé ce principe d'une manière plus complète et plus lumineuse que Montesquieu : aussi son livre est-il vraiment, sous ce rapport, le livre du siècle et le meil-

(1) Note IV.

leur préservatif contre les doctrines absolues et exclusives. Montesquieu joignoit, à une étude approfondie des anciens, une connoissance très-exacte des Etats modernes; son esprit étoit étendu, pénétrant, également capable de s'élever sans effort aux notions les plus générales et de saisir les considérations particulières; il n'a voulu ni dépriser ni justifier les diverses constitutions; ce n'est ni une amère critique, ni une plate apologie des gouvernemens, c'est leur histoire philosophique qu'il a écrite. Il part de l'existence de la société, comme d'un fait donné et nécessaire; sans perdre jamais de vue le but de l'association politique, il n'examine et ne juge les lois de tous les temps que comme des moyens qu'ont fournis, pour atteindre à ce but, les diverses situations des peuples; il ne cherche et il ne voit la perfection des lois que dans leur concordance avec l'état du peuple qui leur est soumis; il est ennemi juré de toute exagération, et de cette philosophie exclusive qui ne connoît que la ligne étroite sur laquelle elle marche, et pour qui cette ligne est l'univers. La philosophie de la législation n'est pour lui qu'une science de rapports.

C'est là aussi le point de vue sous lequel l'ont

considérée les anciens, et, en particulier, Aristote; mais les anciens ne pouvoient embrasser la théorie de la bonté relative des lois dans toute son étendue et dans ses innombrables applications; ils n'avoient pas observé les peuples à un grand nombre de degrés de civilisation différens; beaucoup d'expériences leur manquoient. Montesquieu, au contraire, riche de l'expérience de deux mille ans et de tous les faits de l'histoire, connoissant à fond le Monde ancien et le Monde moderne, a saisi et présenté, sous toutes ses faces, cette doctrine de la convenance spéciale et de l'infinie variété des lois. Selon lui, les lois sont bonnes lorsqu'elles résultent de l'état réel du peuple, et qu'elles s'y rapportent. Leur bonté relative nous garantit qu'elles sont ou qu'elles doivent être et qu'elles deviendront conformes à la volonté générale. Non-seulement cette théorie explique l'origine des lois, mais elle assure l'amélioration progressive de la législation, tout en prévenant une trop grande mobilité ou des changemens trop rapides.

Les lois doivent marcher et changer avec l'état et les rapports du peuple. La situation d'un peuple, soit à l'égard des personnes, soit à l'égard des choses, est incontestablement dans un mouvement perpétuel : certains rapports cessent et disparoissent ; d'autres se forment et prennent leur place. Cependant tout, dans l'état d'une nation, n'est pas temporaire et passager ; il y a des rapports plus stables, et qui demeurent constamment les mêmes. Le principe de la bonté relative des lois doit s'appliquer à ces deux genres de rapports, qui doivent être pris également en considération. Si le législateur néglige l'un, pour ne songer qu'à l'autre, l'Etat est en danger de périr.

Les Etats, comme nous l'avons prouvé ci-dessus, sont composés de deux sortes d'élémens, d'élémens immuables et d'élémens variables : ils ont donc besoin d'un certain degré de fixité et d'une certaine mesure de mouvement. Sans fixité, un Etat n'auroit point de passé ; son existence commenceroit et finiroit à chaque instant : sans mobilité, il ne produiroit rien et n'auroit point d'avenir. Sans mouvement, le corps politique tomberoit en langueur ; sans fixité, il s'épuiseroit en secousses violentes et déréglées.

Quelque simples et quelque lumineux que soient ces principes, ils ont rarement été consultés et mis en pratique. Qu'on ouvre l'histoire de tous les siècles et de tous les peuples, on verra que les gouvernemens ont rarement su s'approprier les deux élémens nécessaires pour les sauver. Les uns ont cru avoir atteint l'idéal des institutions politiques ; ils ont follement imaginé que les lois qui avoient été bonnes l'étoient encore et le seroient toujours ; tandis que tout changeoit autour d'eux avec une effrayante rapidité, ils sont restés dans un orgueilleux repos ; ils ont voulu tout conserver, et ils se sont insensiblement dissous ; ou bien la grande roue des événemens de ce monde les a rencontrés dans son tour, et les a mis en pièces. D'autres ont rejeté l'appui du passé ; ils n'y ont vu qu'une tradition machinale ou des habitudes vieillies ; ils se sont déracinés eux-mêmes du sol paternel ; ils ont, en quelque sorte, clos et arrêté leur existence antérieure ; et, comme s'ils commençoient à vivre pour la première fois, ils se sont livrés au torrent des innovations les plus hasardeuses ; ils croyoient marcher vers la perfection, et ils ont été entraînés dans une direction tout opposée à celle qu'ils se proposoient de suivre : tantôt momentanément élevés par les vagues, tantôt précipités par elles au fond de l'abîme, ils ont enfin été engloutis.

De l'Introduction de nouvelles Formes de Gouvernement.

D'APRÈS ce que je viens de dire, il est évident que, dans tout Etat, le principe de conservation ou de permanence et le principe de perfectionnement ou d'innovation doivent se balancer réciproquement, pour que l'Etat subsiste et se développe à la fois.

Si l'équilibre est détruit, si l'un des deux principes obtient sur l'autre une prépondérance absolue, que ce soit par l'engourdissement ou par les désordres du peuple, par la mollesse ou par les envahissemens du gouvernement, l'Etat est en danger et tombe dans une maladie de langueur ou d'irritation, presque toujours mortelle.

On n'a jamais essayé de donner tout d'un coup à un être organisé un corps tout nouveau : la contexture essentielle des organes reste toujours la même ; on peut seulement, à la faveur d'une nourriture journalière, introduire dans le corps des élémens nouveaux qui s'unissent et se fondent avec les élémens anciens. L'action de cette nouvelle matière sur les organes et la réaction des organes font naître une nouvelle force, une nouvelle vie ; mais l'être demeure toujours identique.

On n'a jamais imaginé qu'il fût possible d'inspirer en un instant à un homme un nouveau *moi*, totalement distinct et séparé de son *moi* antérieur. Aucun homme, soit que, de son gré, il fasse sur lui-même cette hasardeuse expérience, soit qu'une force étrangère veuille l'y obliger, ne peut déposer brusquement son individualité, prendre d'autres maximes, d'autres principes, d'autres penchans, d'autres dispositions, d'autres habitudes, et métamorphoser ainsi son être en un nouvel être. L'individualité résiste à ces tentatives insensées, et repousse loin d'elle tout ce qui lui répugne, tout ce qui lui est étranger ; elle ne reçoit dans son sein que ce qui a quelqu'affinité avec elle ; et ce qui s'est développé en elle, à la faveur de l'action des circonstances extérieures et de l'influence du temps, peut seul y prendre racine, lui donner un caractère nouveau, et lui faire faire un pas vers la perfection.

Les Etats, à cet égard, sont faits comme les hommes et comme tous les êtres organisés :

ils sont, dans leur croissance et dans leur constitution politique, soumis à ces mêmes lois. On ne peut, sans livrer au hasard l'existence même de la société, y introduire des changemens subits et inattendus ; et si l'on ne veut pas mettre en pièces le corps politique, dans la folle et vaine espérance de le rajeunir, des modifications et des améliorations lentes doivent seules être tentées. Là aussi le principe de conservation doit contenir le penchant à innover ; les innovations mêmes doivent sortir des anciennes lois et des anciennes mœurs. Il faut rectifier, élever, ennoblir les formes qui existent, et non les renverser violemment pour leur substituer des formes nouvelles et différentes. La loi de la stabilité gouverne le monde moral et le monde politique comme le monde physique. Quiconque pèche contre cette loi, brise le lien invisible qui unit entre eux les temps, et ne sait bientôt plus à quoi rattacher et comment consolider ses nouvelles créations : il sème au gré des vents, et ne recueille que de la poussière. Celui qui se rit et se sépare du passé, se concentre dans le présent et périt avec le présent : ni lui ni ses œuvres ne peuvent espérer d'avenir.

C'est une folie commune de nos temps, et

cependant bien funeste, que de croire qu'on peut *faire* une constitution comme on fait tout autre ouvrage matériel; qu'on peut, à une époque donnée, à une heure déterminée, se présenter avec une constitution nouvelle, et l'imposer à un peuple à qui on ne réussiroit pas à faire adopter de la sorte un nouveau costume national. C'est la maladie de notre siècle de mépriser les formes que nous ont transmises nos pères et de les refondre comme des vases sans art et sans goût, pour les reconstruire d'après un modèle nouveau qu'on n'a vu que de loin ou qu'on a emprunté à des étrangers.

Cette maladie épidémique est d'origine moderne, mais elle s'est propagée avec tant de violence qu'il sera difficile de l'arrêter. L'antiquité ne connoissoit pas ces constitutions qu'une parole créatrice tire du néant. Le moyen âge, si justement vanté, a bâti pour des siècles, parce qu'avant lui et à son insu, des siècles avoient bâti pour lui. Ce qui naît en un jour, tombe et meurt en une heure. Toutes ces constitutions qui, nées depuis trente ans, soit en France, soit au dehors, ont excité le sourire ou l'horreur de l'Europe, ressembloient à ces champignons vénéneux qui croissent en une nuit et, qui, le lendemain, se flétrissent à la première atteinte.

Ce n'est ni à une réunion d'hommes ni à un seul individu qu'il appartient de faire une constitution solide et durable. S'il falloit absolument choisir entre ces deux manières de procéder, il vaudroit encore mieux charger de cette œuvre difficile un seul homme énergique, éclairé, prudent et doué de toutes les connoissances et de toute l'expérience nécessaires, que d'en remettre le soin à une assemblée. Son ouvrage, bien qu'inapplicable peut-être, seroit du moins conçu avec maturité et conséquence. Jamais une assemblée n'a produit un travail de ce genre.

Mais ces deux procédés sont également à rejeter. Les gouvernemens du monde ancien et du monde moderne qui ont eu une existence réelle et bienfaisante, ont été l'ouvrage de la nature, des circonstances, des événemens, des relations sociales. Personne ne peut assigner le jour où ils sont nés, parce qu'ils se sont développés lentement par la force des choses et les besoins des temps. Personne ne peut nommer leur auteur, parce qu'ils se sont en quelque sorte faits eux-mêmes; ils ont été perfectionnés ou plutôt expliqués partiellement et à longs intervalles. Les hommes même qui paroissent avoir établi des gouvernemens, n'ont fait que déterminer avec précision et consolider ce qui s'étoit développé peu à peu, ce qui existoit déjà réellement, ce qui étoit dans les besoins de la société.

Par exemple, on juge bien faussement le législateur de Sparte lorsqu'on croit qu'il inventa la constitution de sa république, et qu'elle sortit de sa tête comme Minerve du cerveau de Jupiter. Si nous connoissions en détail ce qui existoit avant Lycurgue et comment il y rattacha ses institutions, si nous savions quelles modifications subirent avec le temps les lois qui portent son nom, nous verrions sans doute que cette législation, bien qu'elle se distingue de toutes les autres par la hardiesse avec laquelle elle insulte à la nature humaine et par sa terrible conséquence, fut plus ou moins l'ouvrage du temps, de l'état social, et qu'elle ne fut point moulée d'un seul jet, à une époque donnée.

Il en est de même de la constitution anglaise si justement vantée et cependant si peu connue, si superficiellement jugée. Un grand nombre de ses admirateurs méconnoissent sa véritable essence et la cherchent dans des détails accessoires; ils prennent des effets pour des causes, des causes pour des effets; ils ont enfin de ce gouvernement une idée si fausse et si légère qu'ils affirment que rien ne seroit plus aisé que de le transplanter partout; que tout le secret consiste à créer deux chambres, une chambre haute et une chambre basse.

La constitution anglaise s'est formée lentement, graduellement; elle est née de l'état progressif de la société; et voilà pourquoi elle paroît si merveilleusement adaptée à la société à laquelle elle appartient. Elle est la fille du temps; de là sa couleur antique et son empreinte inimitable. Des siècles ont travaillé à cette œuvre. Quel long intervalle s'est écoulé entre la grande Charte que les hauts-barons arrachèrent au roi Jean, et la loi qui donna le trône à Guillaume d'Orange, sous des conditions qui assurèrent au gouvernement anglais une forme plus complète et plus déterminée! Quelle distance sépare ces deux momens, et cependant, comme ils sont intimement liés! Les lois politiques de l'Angleterre sont sorties du sol et du caractère de la nation; et c'est à cause de cela qu'elles y ont poussé de si profondes racines. Si l'on savoit qui a *fait* la constitution anglaise ; si seulement elle avoit été *faite*, on pourroit craindre qu'elle ne vînt à finir, et que bientôt peut-être il ne se présentât quelqu'un qui la mît au tombeau. Si l'on pouvoit assigner le jour de sa naissance, on pourroit prévoir celui de sa mort.

Maintenant, je le demande, puisqu'on ne peut transplanter nulle part ni la position insulaire, ni l'histoire de l'Angleterre, ni le caractère national de ses habitans, ni cet état de société, comment pourroit-on transplanter le gouvernement qui doit à toutes ces circonstances sa nature et sa vie? Entreprendre une pareille tâche, ce seroit vouloir arracher un chêne centenaire au sol paternel pour le transplanter sur un sol étranger ; ou bien ce seroit élever l'extravagante prétention de faire naître, en un instant, par une parole créatrice, cet arbre antique et vénérable. Quelle puissance humaine peut donner à un édifice nouveau une solidité éprouvée par des siècles, et le charme de la vétusté? En fait de gouvernement, aussi bien que pour les corps organisés et pour les ouvrages de l'art, rien ne peut suppléer le temps.

Ajoutez à cela, qu'en Angleterre, tout est si fortement lié, si intimement uni ; toutes les parties du corps politique sont si bien enchâssées l'une dans l'autre, qu'il seroit, sinon impossible, du moins très-difficile et très-dangereux de s'approprier une de ces parties prise isolément. Dans tout corps organisé, c'est l'ensemble qui donne aux parties un sens et une valeur, qui détermine leur place et leur emploi : séparé du corps, chaque organe particulier est sans but et sans vie. Qui a jamais prétendu détacher du corps humain l'œil ou l'oreille, et les faire agir indépendamment des autres organes ? Et l'on pourroit croire qu'il seroit possible, prudent même, de transporter dans un autre Etat les formes judiciaires ou la liberté de la presse de l'Angleterre, telles qu'elles existent dans cet heureux et singulier pays, sans adopter en même temps les autres institutions qui, en Angleterre, vivifient, protégent et dirigent les formes judiciaires, ou le caractère national des Anglais qui rend les abus de la liberté de la presse plus rares et moins funestes !

L'Angleterre est peut-être, de tous les Etats modernes, le seul où, comme chez les anciens, la religion, l'éducation, le genre de vie, les mœurs domestiques, les fêtes publiques, toutes les institutions comme toutes les habitudes enfin, soient assez étroitement, assez conséquemment liées entr'elles et avec la constitution politique, pour se soutenir, se fortifier, se limiter réciproquement, et former ainsi un ensemble complet et harmonieux. De là résulte cette stabilité de l'ordre social qui s'est maintenue au milieu des orages du siècle; de là cette énergie d'une puissance nationale que toutes les forces morales s'empressent de servir, qui a à ses ordres tous les leviers physiques et intellectuels; de là, l'originalité du caractère et des mœurs anglaises : originalité qui se communique du tout aux parties, et qui imprime aux individus une couleur tellement locale, qu'ils se ressemblent tous entre eux, et ne ressemblent à aucun autre peuple. Ce sont les fruits d'un seul et même arbre. Par une association aussi heureuse que rare, les Anglais joignent une raison monarchique à un cœur vraiment républicain; dans tous les arts qui tiennent à la vie extérieure, ils déploient une mobilité infatigable; ils changent et se perfectionnent tous les jours. Dans tout ce qui se rapporte à la vie intérieure, à l'égard des mœurs, de la religion, du gouvernement, ils ont un respect pour la tradition, un attachement au passé, un goût pour ce qui est ancien, qui les accompagnent partout, comme une sorte de conscience politique. D'un côté, un esprit de négoce et une soif d'argent, tels qu'aucun autre grand peuple n'en a jamais donné d'exemple; de l'autre, un désintéressement, un esprit public, un patriotisme, qui ne se refusent à aucune privation, à aucun sacrifice. Déployant, dans leur genre de vie et dans toutes les choses indifférentes, une indépendance capricieuse qui va quelquefois jusqu'à la licence et même jusqu'à la folie, ils respectent tellement la loi, que, lorsqu'elle se présente désarmée et sans force physique, la licence disparoît, et l'indépendance se transforme en vraie et légitime liberté. Leur sentiment d'égalité se manifeste dans la simplicité et l'uniformité de leurs vêtemens, dans leurs usages, dans leurs mœurs; et cependant ils ont une véritable considération pour toutes les distinctions, tous les priviléges qui se rattachent à la constitution, et pour les inégalités de rang, de titre, d'influence politique, que l'opinion publique considère comme des conditions essentielles de la stabilité et de la durée de l'Etat.

Certes, le gouvernement d'un peuple en qui se rencontrent de tels contrastes, et qui est si différent des autres peuples, ne peut guère se transplanter dans un autre pays sans changer de nature et perdre ses avantages. Il y a, dans le monde politique, comme dans le monde physique, des affinités et des antipathies réelles : ce n'est que lorsque les affinités sont grandes et nombreuses entre deux peuples, qu'on peut essayer avec succès d'appliquer à l'un la législation politique de l'autre ; mais de telles affinités sont, sinon impossibles, du moins très-rares : il faudroit, pour qu'elles eussent lieu, que les deux peuples eussent la même origine, la même langue, des situations pareilles ; bien plus, il faudroit qu'ils eussent traversé la même histoire, et alors ils ne feroient qu'un seul et même peuple.

Si l'on ne peut donner brusquement à un Etat une constitution nouvelle, si l'on peut encore moins y transplanter une constitution étrangère, heureusement on peut changer par degrés sa constitution propre, d'une manière conforme aux changemens survenus dans les relations sociales ; et, sans en détruire les principes fondamentaux, on peut en ennoblir, en simplifier, en étendre les formes, les adapter aux progrès de la société, et les rapprocher de plus en plus d'une perfection relative.

Ainsi la constitution des *Etats* a été autrefois, dans tous les pays germaniques, un excellent ressort de gouvernement et un principe très-énergique. Ce principe, loin d'être éteint, contient le germe d'une nouvelle vie. Cette constitution est susceptible d'une infinité de développemens, et il est aisé d'y puiser les moyens de perfectionner la machine politique.

Cet ancien et respectable système représentatif reposoit sur un principe dont nous avons déjà parlé, celui de la représentation de la propriété, considérée comme seule base solide de l'Etat. Dans le moyen âge, la propriété territoriale jouoit le principal rôle, car elle formoit la principale richesse de la nation, qui n'en connoissoit presqu'aucune autre. Cette propriété étoit alors exclusivement entre les mains de la noblesse et du clergé; aussi furent-ils long-temps les seuls représentans de la nation, et formoient-ils seuls les *Etats*. Plus tard, lorsque les villes prospérèrent et que la propriété mobilière s'accrut, les députés des villes obtinrent séance et voix dans l'assemblée des *Etats*. Composés de la sorte, les *Etats* ont souvent soutenu la puissance et la considération du prince; souvent ils ont appris au peuple à connoître ses devoirs et les droits du gouvernement; plus d'une fois ils ont utilement averti, conseillé, éclairé le souverain en lui rappelant, d'une voix respectueuse, mais noble et ferme, ses devoirs et les droits du peuple. Ils ont joué, le plus communément, le rôle de médiateurs. Leurs assemblées ont été une excellente école où se sont formés les hommes les plus distingués de la nation, et c'est dans leur sein que les Rois ont pris, pour conseillers et pour ministres, ceux qui avoient donné des preuves de leur capacité et acquis des titres à la confiance de leurs concitoyens.

La constitution des *Etats* peut être améliorée : elle a même besoin, pour agir d'une manière efficace et salutaire, de changemens considérables. Mais qu'on la perfectionne au lieu de la détruire; qu'on maintienne le principe qui lui sert de base, tout en en modifiant l'application ; la propriété a subi chez nous, comme dans les autres contrées de l'Allemagne, de grandes altérations. Le clergé ne possède presque plus de fonds de terre ; c'est un mal à beaucoup d'égards, mais un mal sans remède. La propriété territoriale n'est plus exclusivement entre les mains de la noblesse. La classe des paysans s'est fort élevée ; il faut que l'augmentation de son aisance et le progrès de sa civilisation, la conduisent par degrés à une entière liberté. La propriété mobilière s'est accrue dans une proportion très-rapide ; elle s'est unie de mille manières à toutes les parties de l'Etat. Les formes de la représentation ne peuvent donc rester les mêmes : une nouvelle application des anciens principes doit donner au droit d'élire et d'être élu beaucoup plus d'étendue ; la distinction entre la propriété immobilière et la propriété mobilière offre un moyen très-simple de diviser en deux classes la représentation nationale. On peut espérer et faire beaucoup de bien en suivant la route que la sagesse du Roi nous a indiquée et ouverte. Si le gouvernement demeure fidèle à ce système, si l'on commence par organiser les *Etats* provinciaux et par en faire un moyen préparatoire pour former convenablement les *Etats* nationaux, alors nous conserverons notre caractère et nos mœurs ; les institutions nouvelles seront le produit des institutions anciennes ; celles-ci se perfectionneront peu à peu, et celles-là jetteront de profondes racines. Ainsi, sans imitation servile, sans révolutions subites, sans innovations hasardeuses, nous poursuivrons, d'une manière vraiment patriotique, les améliorations qui nous ont été annoncées ; nous mettrons ordre, avec une prudence calme et dans une heureuse intelligence, à nos affaires intérieures ; nous concilierons l'unité de la souveraineté avec l'étendue de la délibération, avec les formes favorables au développement de l'esprit public, et nous maintiendrons, entre le prince et le peuple, le plus parfait accord.

En fait de mouvemens et d'institutions politiques, le temps, dans sa marche lente, progressive et souvent insensible, est la seule puissance capable d'assurer le progrès, le succès et l'affermissement des innovations. Quiconque veut prévenir ou devancer le temps et accomplir ou arracher en un moment ce qui doit être l'ouvrage des années et des siècles, ne produit que des créations avortées, dont le temps se venge en les frappant d'une mort prompte. L'Etat, ce vaste ensemble organisé, au sein duquel seul la nature humaine peut se développer et mûrir, doit aspirer à une durée illimitée, et n'a pas besoin de se hâter, comme les êtres éphémères dont il est composé, et qui, sentant la briéveté de leur destinée, voudroient semer et moissonner à la fois ; l'Etat est immortel, et peut être patient. Les générations qui s'élèvent et tombent dans son sein, doivent y laisser des traces de leur activité et contribuer à son perfectionnement ; mais chacune d'elles doit respecter les droits de l'avenir comme ceux du passé : nous devons recevoir et conserver avec reconnoissance une grande partie de ce que le passé nous apporte, et attendre avec espérance ce que l'avenir nous promet : nous ne devons pas mépriser ce qui nous a précédés, et refuser tout mérite à nos ancêtres, comme si la société commençoit avec nous ; nous ne devons pas non plus prétendre à déshériter notre postérité, en ne lui laissant plus rien à faire, comme si la société devoit finir à notre mort. Le temps détruit ce que font ceux qui ne veulent rien laisser à faire au temps : dans sa juste colère, il renverse les travaux qu'on a entrepris d'accomplir en un jour, et punit ainsi les hommes qui n'ont pas consenti à lui confier le développement des germes bienfaisans dont ils avoient conçu la pensée.

L'Esprit du Temps.

Le temps auquel il faut donner du temps, est le temps qui embrasse tout, qui comprend tout dans son sein, et non pas ce que l'on appelle communément *l'esprit du temps*.

On opposera sans doute l'esprit du temps à une grande partie des idées contenues dans cet écrit, et l'on se contentera d'y répondre par cette phrase banale : *L'esprit du temps repousse tout cela.*

On entend répéter de toutes parts : Ce que l'esprit du temps demande doit lui être accordé ; aucun individu, aucun gouvernement ne peut lutter contre lui et son irrésistible puissance ; aucun bras humain n'est en état de se mesurer avec ce géant : un gouvernement est fort quand il marche avec l'esprit du temps ; sans cet appui il devient foible ; s'il essaie de le combattre et de lui insulter, il court à sa perte.

On fait aujourd'hui dans toute l'Europe,

et surtout en Allemagne, un grand abus de ce mot, *l'esprit du temps*. Cet esprit du temps, cette opinion publique qu'on invoque sans cesse, à qui l'on a constamment recours, est partout et n'est nulle part. Sous la bannière de cette puissance partout présente et partout invisible, à qui l'on peut faire prendre toutes les formes, tous les tons, tous les langages, une foule d'interprètes sans mission et de représentans sans caractère, font de très-grandes et de très-belles affaires. Cet esprit du temps qu'on prône, qu'on invoque et qu'on redoute aujourd'hui bien plus que la sagesse universelle et infinie, élevée au-dessus de tous les temps, pourroit bien n'être qu'un fantôme au nom duquel de téméraires précepteurs politiques demandent et arrachent tout à des enfans timides ou à des hommes crédules. Quand on les interroge pour savoir ce qu'est l'esprit du temps, à quoi on le reconnoît, où on peut le trouver, à quel titre il mérite que les gouvernemens le prennent pour règle de leur conduite? Alors surviennent des réponses aussi vagues que peu satisfaisantes.

Le temps qui change tout, change aussi l'homme; ou plutôt, comme la nature humaine est inséparable d'une perpétuelle mobilité, l'homme agit constamment, fait revêtir à tout ce qui l'entoure des formes nouvelles, et, par une réaction inévitable, en reçoit à son tour de nouvelles impressions, de nouvelles vues, de nouveaux penchans. Quand on compare les diverses périodes de l'histoire de l'espèce humaine, on trouve entre les idées dominantes et les maximes reconnues, comme entre les genres de vie, les habitudes, les goûts, les vertus et les vices, des différences infinies. De tout cela se forme à chaque époque un caractère particulier, une tendance propre et générale. On peut sans doute donner à ce qu'il y a de nouveau et de prédominant dans cette tendance, le nom d'esprit du temps. Mais cet esprit nouveau et prédominant n'est jamais universellement répandu; à côté de lui subsistent encore les vieilles habitudes, les anciennes opinions, ou d'autres maximes fort différentes des idées dominantes. Chaque état, chaque classe de la société conserve son esprit particulier, et, bien que, depuis l'invention de l'imprimerie, les peuples soient dans un commerce constant et animé, bien que les erreurs et les folies se propagent rapidement de l'un à l'autre, ils ne sont pas, heureusement, devenus tous semblables et uniformes. L'esprit national repousse souvent ce qu'on appelle l'esprit du temps, ou ne l'adopte que partiellement et en en altérant beaucoup les formes.

S'il y a un véritable esprit du temps, à quoi le reconnoître et où le trouver? Question difficile lorsqu'on ne veut pas consentir à prendre aveuglément l'esprit des écrivains pour l'esprit du temps! Il faudroit d'abord décider si les écrivains sont ou les créateurs ou les créatures de l'esprit du temps. Je ne parle ici que de ces héros du monde littéraire, dont le génie a lui-même préparé et signé les lettres de créance; quant aux autres, ils peuvent bien moins encore se donner pour les organes de l'opinion publique, et ils seroient bien embarrassés pour produire leurs titres, quelque fières et quelque hautaines que soient leurs prétentions à la soumission du monde. Mais quelques voix, malgré leur valeur, ne sont pas l'opinion publique. Avec quelle attention et quelle persévérance le gouvernement lui-même auroit à parcourir et à examiner toutes les actions, toutes les circonstances, tous les détails de la vie et de l'état d'un peuple, dans toutes les classes, dans toutes les conditions, pour pouvoir déterminer, avec quelque certitude, quel est, à une époque donnée, l'esprit du temps !

Du reste, à quoi bon ces longs détours ? L'esprit du temps ne peut jamais être ni parfaitement raisonnable, ni parfaitement moral. C'est nécessairement un composé d'idées fausses et étroites et d'idées grandes et vraies, de bons et de mauvais penchans, de besoins réels et de besoins imaginaires, de sentimens exagérés et dangereux et de sentimens bienfaisans et nobles. Il faut donc non-seulement étudier et reconnoître l'esprit du temps, mais aussi le peser, le juger et le réduire à sa valeur. Il faut l'appeler devant un juge plus élevé que lui-même : c'est au tribunal d'une intelligence plus sage et plus pénétrante, d'une raison plus vaste et plus forte que ne sont l'intelligence et la raison de la multitude, qu'il faut citer l'esprit du temps. Ce n'est que d'un point de vue plus élevé qu'on peut l'apprécier avec justesse, et c'est dans ce point de vue que le gouvernement seul est placé.

L'esprit du temps est pour tout gouvernement ce qu'est pour chaque individu l'opinion des individus qui l'entourent. L'homme se perd quand il fait de l'opinion des autres hommes la règle unique de sa pensée et de sa conduite :

il se dépouille alors de toute consistance et de toute dignité personnelle. Autant en arrive au gouvernement qui se fait l'esclave de l'esprit du temps, et consent à se traîner péniblement à sa suite. Il s'expose à prendre la fantaisie du moment pour un besoin national, la voix de ceux qui crient pour la voix publique, le langage des passions et de l'intérêt pour le langage de la raison universelle, et l'opinion du jour qui va finir pour l'opinion des siècles futurs. Au lieu de marcher d'un pas calme et mesuré, mais ferme, sans perdre jamais de vue le but de la société, et sans s'inquiéter du blâme ou des éloges de telle ou telle coterie, de tel ou tel parti, un tel gouvernement se condamne d'avance à paroître indécis et inquiet pour s'attirer la faveur et la louange, à rechercher l'effet plutôt qu'à méditer de grands desseins, à accorder davantage aux arrière-pensées qu'à la prévoyance, à se laisser conduire par ceux qu'il devroit diriger, à ne rendre justice à personne en voulant faire droit à tous, à voir les meilleures intentions travesties, et à être enfin amèrement blâmé par ceux-là surtout auxquels, méconnoissant sa propre force, il aura tâché de plaire (1).

(1) Note V.

Un gouvernement doit donc s'appliquer à connoître l'esprit des siècles pour apprécier l'esprit du temps, et ne lui céder ni trop ni trop peu : il faut qu'il ait sans cesse devant les yeux l'état passé de la nation et les racines de son existence, pour bien comprendre son état présent, et prévoir ou préparer l'avenir : c'est dans sa propre raison qu'il doit chercher les idées faites pour servir de bases au perfectionnement progessif de la société qu'il dirige; c'est à son propre jugement à lui faire découvrir, dans la situation de son peuple, les moyens d'appliquer et de réaliser ces idées. Ainsi et seulement ainsi, le gouvernement se place sur le terrain qui lui convient. De cette hauteur il saisira, examinera l'esprit du temps, et jugera de quel esprit il est vraiment l'ouvrage : de là il pourra, tour à tour et selon ses formes changeantes, l'approuver ou le blâmer, s'en servir ou le combattre, toujours le dominer et le conduire. Souvent l'esprit du temps facilitera au gouvernement l'exécution de ses desseins ; plus souvent encore il l'éclairera sur ce que permettent ou exigent les circonstances, sur ce qu'il convient d'ordonner ou de défendre. Mais, dans aucun cas, le gouvernement ne doit se constituer adorateur aveugle de l'opinion publique : que sa propre raison lui serve de règle ; il pourra se féliciter quand il rencontrera l'opinion sur sa route, et se consoler aisément quand il ne croira pas devoir lui rendre hommage.

Un bon gouvernement, qui veut le bien et travaille à le faire, peut être fermement convaincu que, s'il fonde la liberté sur la justice, la vérité sur la liberté, et s'il satisfait par là les besoins les plus nobles de la nature intellectuelle de l'homme social, tôt ou tard se formera et se déclarera en sa faveur une opinion publique qui sera l'expression du patriotisme éclairé. Un tel gouvernement ennoblit, développe l'esprit du temps et se le gagne bientôt, sans lui obéir servilement et sans chercher à lui donner le change par de misérables artifices.

Si le gouvernement français, dans les années qui ont précédé la révolution, avoit jugé d'après ces principes les rapports dans lesquels il se trouvoit avec l'esprit de son temps, il lui auroit fait prendre une toute autre route, et auroit sauvé l'Etat, l'Europe et lui-même. Mais ce gouvernement, courbé sous le joug de ce qu'on appeloit l'opinion publique, se laissa conduire et égarer par elle : ainsi fut perdue la direction générale qui se portoit alors vers le bien; ainsi cette fatale époque se remplit de crimes et de calamités de tous genres qui ont appelé sur elle la malédiction des siècles futurs et la condamnation irrévocable de l'éternité.

—

Coup d'œil sur la Révolution française.

La nation française paroît avoir parcouru et accompli le cercle entier des bouleversemens politiques.

Le moment est donc venu où l'on peut examiner avec calme cette terrible époque, et rapporter les effets à leurs véritables causes.

La justice divine, dans sa marche lente mais infatigable et sûre, a enfin atteint la révolution; son bras vengeur a enlevé au peuple français jusqu'à sa dernière gloire, celle des armes, et lui a ravi les trophées qui enveloppoient et cachoient à ses yeux tous ses excès. Il seroit temps que les autres peuples de l'Europe, éclairés par ce terrible avertissement, rentrassent en eux-mêmes et arrachassent de leur propre sein le germe de tant de sanglantes erreurs qui y repose en secret.

Maintenant que la France a reçu le châtiment de sa barbare et funeste extravagance, il y a quelque chose de mieux à faire que d'éclater en transports, et d'accabler de malédictions l'ennemi vaincu ; il faut examiner comment il a pu se faire que la France soit tombée si bas, et que la révolution qui avoit commencé sous de si belles apparences, ait fini d'une manière si horrible, afin qu'une expérience payée si cher ne demeure pas perdue et inutile.

Quant aux causes de la révolution française, il me semble que les divers points de vue sous lesquels on envisage communément ce grand événement, sont entachés de deux erreurs graves, qui rendent incomplet et faux le jugement qu'on en porte.

Les uns pensent que des causes générales, inhérentes à l'état des esprits et à la situation particulière du peuple français, ont dû nécessairement amener la révolution, et qu'elle auroit été salutaire si des circonstances accidentelles n'étoient venues la troubler dans sa marche, écarter ce grand mouvement de sa direction primitive qui étoit bonne, et changer ainsi en torrent dévastateur un fleuve qui devoit tout fertiliser.

D'autres affirment que les vices et les passions des hommes ont fait seuls tout le mal ; qu'il seroit aussi absurde qu'injuste d'attribuer les funestes résultats de la révolution à de fausses théories politiques, à des vues erronées sur l'origine, la nature et le but de la société. Ce ne sont pas les principes dont on est parti, disent-ils, c'est la perversité des acteurs qui a amené la terrible catastrophe de cette tragédie.

Les conséquences naturelles que l'on déduit de ces fausses prémisses, sont, d'une part, que, comme les mêmes circonstances accidentelles ne se reproduiront probablement pas, on n'a pas à les redouter dans une entreprise de ce genre : de l'autre, que, chez un peuple moins corrompu, des hommes plus éclairés et plus moraux peuvent partir sans crainte de ces mêmes principes qu'on s'efforce en vain de décrier.

Je suis convaincu que la révolution française, bien que préparée par des causes générales, n'en étoit point le résultat nécessaire. La prudence et la fermeté du gouvernement auroient pu prévenir et éviter cette violente secousse. On sait que l'embarras des finances a été la première occasion et le prétexte de la révolution. Avec l'immense richesse nationale que possédoit la France, richesse qui l'a mise en état de payer les frais d'un bouleversement pareil et de ses longues guerres contre l'Europe, il eût été facile de rétablir l'équilibre entre les revenus et les dépenses. Si au lieu de laisser tomber M. de Calonne et de le sacrifier aux gens de Cour, le malheureux Louis XVI avoit eu le courage d'exécuter des plans qu'il avoit adoptés, si les immunités du clergé et de la noblesse avoient été abolies, si les charges publiques avoient été réparties également, si les assemblées provinciales avoient été fondées, le Roi auroit eu seul l'honneur de rétablir les finances. Si le gouvernement avoit voulu faire davantage, s'il avoit voulu placer auprès du trône un principe régulier de développement et d'amélioration pour toutes les institutions sociales, il n'avoit qu'à faire trois ans plus tôt à la nation les concessions qu'il lui accorda par sa fameuse déclaration du 20 juin 1789; tous les vœux, tous les besoins de la France auroient été satisfaits, et, sans secousse, sans troubler le repos public, la nation auroit fait un grand pas vers le but de la société.

Et qu'on ne dise pas que cette manière d'envisager la question est chimérique, parce que la foiblesse du gouvernement et les passions de ceux qui l'entouroient rendoient impossible la marche que je viens de tracer : raisonner de la sorte seroit bannir toute liberté de l'histoire des Etats; ce seroit lui imprimer le caractère de l'histoire naturelle dans laquelle tout arrive et s'enchaîne d'après des lois immuables ; ce seroit enlever aux actions de l'homme toute responsabilité morale. Si l'on ne convient pas que, dans tout moment donné, il est possible de combattre et de vaincre la foiblesse de la volonté et la violence de la passion, il faut tout soumettre à la destinée ou tout abandonner au hasard.

Il n'est donc pas vrai que le commencement de la révolution fût inévitable; il est aussi peu vrai de dire que sa marche n'a été dérangée et altérée que par des accidens. Les circonstances qui l'ont rendue si funeste n'ont pas été des obstacles imprévus, que la raison ne pût pressentir, qu'aucune puissance humaine ne pût écarter. Tout, au contraire, sembloit favorable à cette périlleuse expérience; la paix au dehors, au dedans une grande prospérité.

Mais aussitôt que le Roi de France, en convoquant les Etats-Généraux, eut offert un point de ralliement régulier et légal à tous les élémens combustibles qui fermentoient dans le corps politique; aussitôt que, par les formes, l'époque, le lieu de cette convocation, il eut annoncé lui-même l'anéantissement de l'ancienne constitution française, et donné l'existence à l'Assemblée nationale, dès-lors commencèrent et s'enchaînèrent inévitablement les événemens dont nous avons été témoins. Les auteurs de cette première faute étoient libres d'agir autrement ; ils pouvoient, par leur seule volonté, commencer et achever l'œuvre la plus salutaire. Mais dès que les artisans de la destruction furent entrés dans la route qu'à peu de variations près ils ont tous suivie avec opiniâtreté, tout devoit arriver ainsi que nous l'avons vu. La révolution n'a point été dénaturée par des circonstances accidentelles ; mais elle été, dès son origine, une aberration épouvantable de ce besoin de perfectionnement qui est inhérent à l'homme, un délire furieux de tous les esprits et de tous les cœurs, et surtout le résultat d'une notion aussi fausse que fatale, d'un principe fondamental toujours renaissant et toujours destructeur.

Aussitôt que l'Assemblée nationale se fut insensiblement formée des débris des Etats-Généraux, avec elle et dans son sein parut, sous les apparences d'un principe de vie, le principe de la mort politique, et l'on posa pour fondement des constructions que l'on commençoit, la mine qui devoit les faire sauter. La souveraineté du peuple éleva sa tête puissante : ce géant, sur les épaules duquel devoit reposer la société, tint la société dans une agitation perpétuelle, et renversa sur-le-champ l'édifice qu'il étoit chargé de soutenir. C'est ainsi que, dans la fable, les géans sur lesquels est placé l'Etna, causent les secousses terribles et les effroyables éruptions du volcan.

Cette doctrine de la souveraineté du peuple, rajeunie par Rousseau et empruntée de lui, fut embrassée par les nouveaux législateurs avec une foi aveugle et une confiance sans bornes. Quelque fausse et quelque inconséquente qu'elle soit, elle se recommande aux esprits superficiels par un éclat trompeur et par une certaine simplicité qui ne cache au fond que sa vanité et sa foiblesse.

Cette doctrine a des affinités si étroites avec toutes les passions personnelles, elle leur prête un masque si séduisant et si respectable, elle leur fournit de si belles armes, que l'ambition, l'orgueil, la vanité, l'égoïsme, ne sauroient trouver une théorie plus propre à couvrir leurs excès, et à les conduire à leur but. D'un autre côté, la doctrine, pour devenir efficace et exercer une influence réelle, avoit besoin de l'appui de ces mêmes passions : on devoit donc prévoir qu'elle les échaufferoit, les soulèveroit, et leur inspireroit une énergie terrible.

De la doctrine de la souveraineté du peuple on déduisit tous ces principes, toutes ces maximes, que nous avons passés en revue; savoir, qu'il y a eu un état naturel des peuples dans lequel il faut se transporter pour reconstruire les sociétés; que l'ordre social doit son origine à un contrat libre qui peut être changé ou rompu à volonté; que les formes purement démocratiques sont l'idéal des gouvernemens, et doivent être la règle de toute législation politique; que le peuple peut, à tout moment et à son gré, établir de nouvelles constitutions; qu'il ne faut prendre pour guide que l'esprit du temps, et que la voix du peuple est la voix de Dieu! Erreurs évidentes, sophismes encore plus aisés à découvrir qu'à réfuter, insoutenables en eux-mêmes, et qui ne paroîtroient que risibles s'ils ne se montroient que dans les livres; mais qui, s'alliant avec les passions, et s'armant de la force physique, acquièrent une puissance épouvantable, et doivent tout ravager, tout détruire, chez tous les peuples et dans tous les siècles qui auront la folie de leur rendre hommage. De là sont nés, avec une conséquence rigoureuse et presque inévitable, tous les crimes et tous les fléaux qui ont fait la honte et le malheur de la France. Qu'il me soit permis d'en tracer rapidement le tableau.

Dès que la doctrine de la souveraineté du peuple eut été énoncée, elle devint la base de toutes ces créations éphémères, de toutes ces destructions barbares qui se sont succédées si rapidement en France. On adopta comme axiome que le peuple souverain étoit tout-puissant, qu'il pouvoit tout ce qu'il vouloit parce qu'il ne vouloit jamais que le mieux possible; qu'il n'étoit lié, dans sa conduite, par aucune limite, par aucun contrat, par aucune loi; qu'ainsi, à tout moment donné, le peuple souverain ne devoit rien au passé, et ne pouvoit rien imposer à l'avenir. L'assemblée nationale se mit à agir comme si, avant elle, n'avoit existé aucun Etat, et qu'elle eût été appelé pour le créer. Tout ce qui avoit eu lieu jusque-là fut considéré comme illégitime, tout au plus comme provisoire, et traité en conséquence. La monarchie fut détruite et ses débris furent destinés à devenir le marchepied de l'élévation des nouveaux législateurs.

L'assemblée nationale, comme si elle eût été l'ouvrage de la volonté du peuple, comme si elle n'eût pas été convoquée par le Roi, se considéra comme toute puissante, parce qu'elle décidoit tout au nom du peuple. Elle mit la France en pièces pour la rajeunir. Séparée du passé, déracinée du sol paternel, la monarchie étoit là comme un cadavre qu'on se disposoit à ressusciter. Mais la domination de l'assemblée nationale ne dura que jusqu'au moment où, pour son juste châtiment, les clubs patriotiques, les ouvriers de la capitale, les assemblées de la populace, au nom du peuple souverain qui étoit partout et n'étoit nulle part, lui arrachèrent le pouvoir et l'attaquèrent, la combattirent, l'anéantirent enfin avec ses propres doctrines et ses propres armes.

La première constitution, la démocratie royale, avoit paru; elle cachoit la république sous la bannière de la monarchie. On avoit, pour la forme, conservé le Roi, être malheureux et sans consistance. Trop foible pour empêcher le mal ou pour faire le bien, il n'étoit resté là que pour être responsable, aux yeux du peuple aveuglé, du mauvais succès de la constitution.

Il falloit déclarer la république. La France avoit besoin d'une transition. Cette transition fut la guerre. Pour avoir l'occasion et le prétexte de se constituer en république, de se défaire du Roi, d'occuper le peuple hors du territoire, de se tout permettre à la faveur des des dangers de la patrie, il falloit que la France fût engagée dans une guerre longue, difficile, générale, incalculable.

Les jacobins déclarèrent cette guerre; ils attaquèrent, menacèrent, offensèrent tous les Rois et tous les Etats. La guerre devint générale. Le Roi monta sur l'échafaud, et après lui tout ce que la France avoit de grand et de respectable. Alors l'effroi régna seul; le régime de la terreur éleva sa tête criminelle, étendit sur la France son bras ensanglanté, et l'enveloppa d'un réseau de fer.

Du sein de cette fange agitée sortirent successivement, comme des profondeurs de l'enfer, les figures les plus hideuses, les partis les plus effrénés; ils s'anéantirent l'un l'autre, et le vainqueur surpassa toujours le vaincu en démence et en fureur. Le char de la révolution rouloit sans s'arrêter; ceux qui l'avoient mis en mouvement furent les premiers écrasés sous ses roues; ses conducteurs changeoient chaque jour; ils pouvoient renverser leurs prédécesseurs, mais non se maintenir eux-mêmes. Les plus insensés, les plus déhontés, les plus féroces l'emportoient toujours sur ceux qui conservoient encore quelque retenue, quelque pudeur, *quelque chose d'humain*.

Les constitutions parurent et disparurent comme des météores légers ; au nom du peuple souverain, on les souffloit et on les brisoit comme du verre ; au nom du peuple souverain on organisa, comme on l'appeloit alors, le despotisme de la liberté, c'est-à-dire la liberté illimitée du despotisme ; au nom du peuple souverain, le peuple fut opprimé, pillé, égorgé, fusillé, noyé en masse, et l'espèce humaine fut mise en coupe réglée, ainsi qu'une forêt.

Tandis que se passoient dans l'intérieur ces scènes d'épouvante, au dehors les divisions des ennemis de la France et sa propre énergie la conduisoient à d'incroyables victoires ; les éclatans exploits de ses armées couvrirent la honte et les crimes de ses gouvernemens ; les drapeaux qu'elles avoient conquis déroboient les échafauds à leurs regards et à ceux de leurs adversaires. Le rêve d'une liberté et d'une égalité sauvage enflammoit les uns ; la haine des étrangers animoit les autres. La terreur chassoit les soldats dans les camps, et, à peine arrivés, ils devenoient la terreur des ennemis. L'Europe combattoit, avec ses moyens ordinaires, les moyens extraordinaires que la révolution avoit créés en France. L'Europe fut vaincue.

Plus la guerre se prolongeoit, plus l'armée devenoit puissante : les militaires se déshabituoient des relations sociales et se dégageoient chaque jour davantage de tout lien civil ; ils plaçoient la force des armes au-dessus de la puissance des lois : les généraux eurent bientôt plus de considération et de crédit que le gouvernement ; et comme l'Etat s'étoit métamorphosé en une grande machine de guerre, il étoit inévitable qu'aux yeux de cette multitude belliqueuse, la nation ne finît par être dans l'armée et l'Etat dans les camps. Il étoit aisé de prévoir que, tandis que le despotisme et l'anarchie, unissant leurs fureurs, continuoient à déchirer l'intérieur de la France, l'armée prévaudroit tôt ou tard, et qu'un général heureux et entreprenant mettroit seul un terme à tous ces désordres. Aucun n'avoit, dans l'opinion publique, plus de poids et plus d'éclat que l'infatigable, l'audacieux, l'invincible Buonaparte. Il vint et s'empara violemment de la puissance. Au nom du peuple souverain il dispersa, comme une vile poussière, la représentation nationale ; au nom du peuple souverain il se fit consul pour dix ans, consul à vie, et enfin, revêtu d'une pourpre ensanglantée, il s'élança sur le trône qu'il s'étoit préparé en secret. Il avoit séduit, trompé, employé à ses fins tous les partis : il avoit fait pénétrer dans tous les cœurs l'espérance et la crainte. Tous s'étonnèrent de voir ce Corse audacieux saisir la couronne et en couvrir le bonnet rouge qu'il avoit long-temps porté. Les républicains avoient imaginé qu'il ne vouloit que consolider la république par une dictature temporaire ; les royalistes s'étoient flattés qu'il ne se considéreroit que comme une transition nécessaire au rétablissement de la royauté légitime ; les constitutionnels avoient rêvé qu'il fonderoit une véritable liberté sur des bases monarchiques. Tous se trouvèrent déçus ; tous s'aperçurent qu'à leur insu, dans des vues différentes, ils avoient été les instrumens aveugles d'une élévation qui leur étoit également odieuse ; mais tous gardèrent le silence ; il leur parut plus agréable et plus sûr de s'associer à la puissance que de la combattre, et au nom du peuple souverain, dont il surprit ou supposa l'approbation, Buonaparte acquit un pouvoir sans exemple dans les temps modernes. Le peuple, qui avoit détrôné un Roi juste et légitime, se courba avec un abandon sans bornes, et même avez zèle et avec joie, sous le joug du tyran usurpateur.

Le plus puissant allié de Buonaparte, dans cette usurpation audacieuse, fut, sans contredit, la lassitude générale de la nation. A l'exception des partis eux-mêmes, tous étoient rassasiés de ce féroce combat. Le peuple, refroidi et fatigué, n'aspiroit qu'au repos : un repos acheté au prix de toute sa liberté ne lui parut pas payé trop cher, et il ne vit, dans la fermeté du nouveau souverain, que la première et indispensable condition de la fin de l'anarchie.

Les puissances de l'Europe espéroient aussi échapper enfin aux dangers qui les avoient atteintes ou menacées depuis dix ans; elles ne refusèrent point de recevoir Buonaparte dans leurs rangs; il promettoit de clore la révolution et de mettre pour toujours un terme aux violentes agitations des peuples.

Mais la France et l'Europe furent déçues dans leurs espérances : elles n'avoient pas sondé l'intérieur de Buonaparte; elles n'avoient ni deviné l'épouvantable profondeur de son ambition, ni compris sa situation. Enfant de la république, après le meurtre de sa mère, il en hérita les maximes qu'elle avoit mises en vigueur, les moyens qu'elle avoit créés, les hommes qu'elle avoit formés à toutes sortes d'entreprises et de forfaits ; sorti du chaos de la révolution, il la recueillit tout entière, et fit le monopole des plans et des principes, des vices et des crimes qui avoient été auparavant un commerce libre, ou plutôt la propriété d'une nation. La révolution *se fit homme* dans sa personne.

Cet amateur passionné des jeux de hasard ne pouvoit se contenter de simples jeux de société. Ce favori de l'armée dont il étoit l'ouvrage, fortifia, étendit, perfectionna l'armée ; il avoit besoin, pour se maintenir, de tenir l'armée dans un mouvement perpétuel ; sa situation lui commandoit d'enivrer ses troupes de victoires, et de les accabler sous le poids du butin. Etranger au milieu des puissances européennes, il sentoit que son existence et son pouvoir étoient incompatibles avec la doctrine de la légitimité sur laquelle reposoient tous les trônes ; il devoit donc chercher à anéantir toutes les anciennes dynasties, à remplir et à souiller tous les trônes de sa propre famille pour effacer la tache de son origine. Cet homme, qui s'étoit si despotiquement emparé de la souveraineté tout entière, affectoit au besoin le plus grand respect pour la souveraineté du peuple, et déclaroit que l'hérédité légitime étoit usurpation, et que son usurpation étoit la seule puissance légitime, parce qu'il l'avoit décorée du masque trompeur de la volonté du peuple.

Pour paroître conséquent, pour flatter l'orgueil sans bornes du peuple souverain, pour servir sa vanité, il falloit qu'au nom de la grande nation, Buonaparte attaquât sans motif tous les peuples de l'Europe, qu'il les étourdît par la rapidité de cette attaque, qu'il les écrasât par des masses énormes et des coups violens, qu'il les pillât régulièrement, qu'il les mutilât artistement, qu'il fît servir leurs forces physiques à des entreprises lointaines, et qu'il anéantît leurs forces morales.

Les Etats de l'Europe s'avancèrent isolément et successivement sur le champ de bataille, ou bien, après des alliances mal conçues et momentanées, ils s'en retirèrent isolément. Faisant ainsi des guerres partielles et, concluant des traités séparés, Buonaparte réussit à fonder en Europe une monarchie universelle, qui enleva aux autres Etats toute consistance et toute force, et dont le but étoit de soumettre tous les peuples à un peuple, pour subjuguer plus sûrement celui-ci, et le gouverner plus despotiquement. Le peuple souverain des Français, en frappant à mort, de ses chaînes, la liberté des autres peuples, devoit consolider et oublier son propre esclavage. Le succès couronna cette hasardeuse entreprise : quand les Français virent que tous les peuples leur obéissoient en esclaves, ils parurent ne plus sentir qu'ils étoient eux-mêmes les esclaves et les jouets d'un tyran.

Tels sont les principaux traits de la révolution française ; c'est uniquement pour confirmer et rendre sensible par ce terrible exemple la vérité des principes ci-dessus établis, que j'ai retracé rapidement ce sombre tableau.

Comment Buonaparte a tout perdu, parce qu'il vouloit s'emparer de tout ; comment il n'a pu échapper au châtiment que méritoit son odieux système, parce que heureusement il n'a su assigner aucune borne à sa propre iniquité ; comment s'est brisé dans sa main cet arc qu'il a voulu tendre outre mesure ; comment, entouré d'hommes à qui il pouvoit tout ordonner, il a cru trop tôt qu'il étoit libre de traiter de même tous les peuples, et de confondre l'espèce humaine tout entière dans le même mépris ; comment l'excès de l'oppression a amené une réaction violente ; comment il a dû aux fautes de ses adversaires le succès prolongé de tant de crimes qui insultoient à ses contemporains, et menaçoient même d'atteindre nos descendans ; et comment ses propres fautes, faisant tourner ses crimes à sa honte, ont entraîné la chute trop méritée de sa puissance : cette terrible histoire n'est pas de notre sujet, bien qu'il fût aisé d'y démêler une sorte de nécessité morale qui la rattache aux premiers événemens de la révolution.

On peut dire, en un certain sens, que tout a été l'ouvrage des passions ; mais ces passions ont puisé leurs prétextes et leurs armes dans de faux et dangereux principes. La doctrine de la souveraineté du peuple fit éclore les passions qui fermentoient dans le sein des auteurs de la révolution, et leur prêta une force sans exemple : avec le mot *souveraineté du peuple*, ils commirent, voilèrent, excusèrent, justifièrent des forfaits inouïs ; c'est à la faveur de cette doctrine qu'ils ont perverti toutes les idées, dénaturé toutes les expressions, attaqué les principes moraux comme la moralité publique, chassé la religion des cœurs comme des temples, confondu les vertus et les vices, donné au crime le nom de devoir, au devoir le nom de crime, produit et anéanti tour à tour les choses les plus contradictoires, la monarchie constitutionnelle, la république, le directoire, le consulat et l'empire.

Tout cela n'a pas été la suite de circonstances accidentelles, mais bien la conséquence des principes qui ont servi de point de départ. Autant en arrivera, sauf des variations peu importantes, à tout peuple et à tout siècle qui adopteront les mêmes principes, et qui tenteront de les appliquer. Partout où régnera, avec tous ses corollaires, la doctrine de la souveraineté du peuple, elle agira comme de l'eau forte, sur tous les liens de la société; elle est, dans le sens le plus rigoureux de l'expression, le dissolvant politique le plus terrible, la destruction de toute unité, l'absence de toute souveraineté.

Et qu'on ne dise pas que la corruption morale du peuple français a seule rendu ces principes si funestes. Sans doute le caractère national des Français étoit fort altéré à l'époque de la révolution : non-seulement une immoralité générale régnoit dans la capitale comme dans l'ancienne Rome sous les empereurs ; non-seulement le poison avoit infecté plus ou moins violemment les classes supérieures de la société ; la source même de la morale publique avoit été tarie ; un esprit superficiel et vain s'étoit emparé des questions les plus graves et les plus augustes ; la sensualité étoit devenue un art ; l'intérêt personnel avoit été érigé en principe fondamental de la morale ; la raillerie et le sarcasme avoient attaqué ce qu'il y a de plus sacré pour l'homme. Cependant ces déplorables symptômes de la décadence morale, n'étoient pas à beaucoup près universels ; la masse du peuple conservoit encore des mœurs, des principes, et respectoit la religion. La puissance des lois et de l'opinion publique, des habitudes honnêtes suppléoient, pour beaucoup de gens, à ce qui leur manquoit de véritable moralité (1). Mais lorsque toutes les barrières furent renversées, lorsque l'empire des lois eut cessé, lorsque l'opinion publique, du moins celle qui se manifestoit, ne fut plus que l'opinion d'un parti, lorsque le trouble eut été jeté dans toutes les

(1) Note VI.

relations sociales, lorsque le mécanisme de la société eut été violemment détruit pour faire place à un autre; alors toutes les passions déployèrent librement leurs fureurs; les digues avoient été partout rompues ; le torrent ne pouvoit s'arrêter nulle part; dans ce naufrage universel les mœurs périrent comme les principes, et la fièvre chaude se termina par une dissolution complète. La corruption n'a pas précédé la révolution; c'est la révolution qui a tout corrompu, qui a éteint chez les Français de ce temps tous les sentimens moraux et saints. Quel peuple sortiroit meilleur et plus pur de cette infernale épreuve, prolongée durant vingt-cinq ans? Quel peuple résisteroit plus heureusement à une si longue et si terrible maladie? Aucun, nous le disons avec une pleine conviction, parce que nous ne sommes pas de ceux qui flattent le peuple pour le corrompre et le faire servir à leurs fins, comme on flattoit autrefois les princes et les puissans de la terre; parce que nous croyons que le temps est venu où il est plus méritoire de parler au peuple un langage sévère mais utile, que de l'accabler ou de l'enivrer de louanges intempestives et exagérées. Le progrès de la civilisation a fait naître dans tous les Etats de l'Europe le germe de dangereuses secousses ; le premier coup imprudemment donné peut hâter l'explosion ; il y a assez de matériaux combustibles ; qu'on écarte l'étincelle incendiaire. Les passions fermentent en silence dans beaucoup de cœurs ; qu'on ne les mette pas en contact avec des doctrines pernicieuses ; qu'on ne les invite pas à éclater. Un attachement sans bornes aux lois, un respect inébranlable pour le principe de la légitimité, une ferme conviction que le Roi et l'Etat sont inséparables , un véritable patriotisme et non un misérable esprit de parti qui le corrompt loin de le suppléer : voilà quels sont, de la part des peuples, le palladium de la liberté publique et de l'indépendance nationale, les premières et indispensables conditions de la durée et de la prospérité des monarchies. Si les gouvernemens , de leur côté, n'oubliant jamais leurs devoirs sacrés, marchent d'un pas ferme et prudent, toujours calmes, énergiques et justes; s'ils font le bien et travaillent à améliorer l'état des nations ; s'ils n'abandonnent jamais les rênes, et ne laissent pas faire à d'autres ce qu'ils peuvent et doivent faire eux-mêmes ; s'ils prennent soin d'introduire de leurs propres mains, dans toutes les parties du corps social, les modifications et les perfectionnemens qu'exige le siècle; alors ils travailleront avec fruit et pour leur temps et pour l'éternité; alors la nature humaine se développera en paix; la puissance de la liberté et de la raison s'étendra dans le cœur des hommes, et se manifestera, dans le monde extérieur, avec plus d'efficacité et plus d'éclat.

Il n'est pas donné à l'homme ni à la société d'atteindre et de réaliser ici bas l'idéal de la liberté non plus que l'idéal de la religion; mais il n'est pas non plus au pouvoir des événemens et des hommes de déshonorer ou de bannir la religion et la liberté. Le besoin de la vraie liberté et de la vraie religion est immortel comme la nature humaine. Ce besoin ne sauroit s'éteindre, quand même les peuples auroient été mille fois trompés par de faux simulacres de religion et de liberté. Mais il faut poursuivre, découvrir, signaler ces simulacres trompeurs, car ce sont les plus grands ennemis de la société, et ils en deviennent souvent les fléaux. Il y a, en fait de liberté comme en fait de religion, une superstition et un fanatisme également funestes à la liberté véritable comme à la vraie foi.

Le Dieu de nos pères a beaucoup fait pour

nous ! Si nous ne détruisons pas notre bonheur, nous pouvons accomplir en paix nos hautes destinées. Les nations de l'Europe se sont à la fois sauvées et honorées ; jamais, dans l'histoire du monde, autant de forces diverses et aussi nobles n'ont concouru à un but plus élevé. La constance vraiment romaine des Anglais, le dévouement religieux et les héroïques sacrifices des Russes, l'ardent et énergique enthousiasme de la Prusse réveillée par l'amour du Roi et de la patrie, la politique magnanime de l'Autriche, ont renversé le funeste pouvoir de Buonaparte et détruit la suprématie exclusive de la France. L'existence des nations est assurée ; leur indépendance est reconquise, leur force établie sur de solides fondemens : nous avons montré à l'Europe étonnée ce que peut un vrai patriotisme sous la direction de l'unité monarchique et sous la conduite d'un Roi vaillant et juste. La véritable liberté a jeté ses racines dans les nobles dispositions des princes et dans le patriotisme désintéressé des peuples. L'esprit qui anime aujourd'hui les gouvernans et les gouvernés est plus décisif pour le sort futur de l'Europe que toutes les constitutions écrites. Cet esprit fera naître par degrés les formes de gouvernement qui lui conviennent ; et, sans précipiter la marche du temps, la nature humaine se développera dans toute sa richesse et avec tout son éclat.

—

NOTE I.

Les formes représentatives, que ne connoissoient pas les anciens, sont les seules qui puissent et doivent servir de base à un gouvernement mixte.

Si les novateurs n'avoient pas en même temps la prétention d'être *inventeurs*, leurs entreprises rencontreroient moins de résistance, et entraîneroient moins de dangers. Le gouvernement *représentatif* a été célébré comme une découverte des temps modernes; de-là le mépris qu'on a exprimé pour tant de siècles et tant de peuples qui n'avoient pas connu ce merveilleux mécanisme politique, seul boulevard possible de la liberté. Examinons rapidement quels sont le véritable sens du mot *représentation*, la nature des institutions représentatives, et jusqu'à quel point elles sont nouvelles dans l'ordre social.

Le *gouvernement*, dans le sens le plus étendu et le plus rigoureux de ce mot, n'est que la collection des fonctionnaires publics, chargés de donner des lois à la nation, et de faire exécuter ces lois. Tous les actes du gouvernement se rapportent à l'une de ces deux classes d'opérations politiques; et tout homme qui y concourt, quelle que soit l'importance ou la nature de son influence, est fonctionnaire public.

Tout fonctionnaire public chargé d'occuper, dans la machine politique, telle ou telle place, d'y jouer tel ou tel rôle, est le représentant de celui ou de ceux qui lui ont conféré cet emploi, c'est-à-dire qu'il représente la portion de volonté que ses commettans sont autorisés à faire intervenir dans les affaires publiques.

Cette portion de volonté est grande ou petite, selon la place qu'occupe, dans le gouvernement de la communauté, l'individu ou le corps qui se fait représenter; elle peut, dans certains cas, se borner au choix du représentant, sans que d'ailleurs la volonté du commettant puisse influer en rien sur la conduite de celui qu'il a commis; telle est, par exemple, la portion de volonté que sont appelés à exercer les membres des colléges électoraux : dès qu'un electeur a donné sa voix, sa volonté a eu toute l'action qu'elle pouvoit avoir; cette action ne s'étend pas plus loin; il n'a plus aucun pouvoir sur la conduite du député; et celui-ci ne représente du collége électoral qui l'a nommé, que la volonté que ce collége a eue de le nommer.

Le Roi au contraire exerce, dans les affaires publiques, une portion de volonté très étendue; ainsi le préfet qui, à certains égards, représente le Roi dans son département, le commandant militaire qui le représente aussi à d'autres égards, représentent non-seulement la volonté que le Roi a eue de les nommer, mais encore sa volonté ultérieure envers leurs subordonnés; non-seulement ils sont en fonctions parce que le Roi le veut, mais encore ils exercent leurs fonctions comme il le veut. Cependant ils ne sont jamais que les représentans de la portion de volonté que le Roi peut exercer dans les affaires publiques; car ils ne peuvent obéir au Roi que dans les choses que le Roi peut ordonner; et voilà pourquoi la responsabilité ministérielle est inséparable du système représentatif : un préfet à qui le Roi enjoindroit de mettre le feu à une ville, un commandant militaire à qui il ordonneroit de faire piller un département, ne pourroient lui obéir, parce que de tels exercices de volonté ne sont pas dans les attributions du Roi. Il y a même des fonctionnaires nommés par le Roi, qui ne représentent, comme les députés à l'égard des électeurs, que la portion de volonté que le Roi exerce en les nommant : tels sont les juges; la volonté du Roi se borne au choix des individus; elle ne peut influer ensuite sur la manière dont ils remplissent leurs fonctions.

En principe, nul ne peut donc être représenté que de la manière permise par les lois ou règlemens de l'Etat, et dans la portion de volonté que ces lois l'autorisent à exercer.

Quant aux fonctionnaires représentans, chacun d'eux n'est rien et ne peut rien hors des fonctions qui lui ont été attribuées; dès qu'il dépasse cette limite, il n'exerce plus une autorité légitime; il ne sauroit plus se prévaloir du nom et de la qualité de ceux qui lui ont confié son emploi.

Dans tout gouvernement la nature des diverses fonctions est plus ou moins étendue, plus ou moins déterminée; leur classification et leur *délimitation* (si je puis m'exprimer ainsi) sont plus ou moins exactes, plus ou moins parfaites; mais cette classification et cette délimitation existent toujours et partout, c'est-à-dire qu'à chaque emploi sont assignés un certain but, un certain ressort et certaines conditions.

Un gouvernement dans lequel un seul homme seroit revêtu de toutes les fonctions, exerceroit tous les pouvoirs, rempliroit toutes les places, ou les feroit occuper toutes par des hommes qu'il pourroit nommer et révoquer à son gré, seroit un gouvernement complétement et absolument *despotique*.

Un gouvernement dans lequel le peuple, c'est-à-dire l'universalité des citoyens, nommeroit à tous les emplois, quel qu'en fût l'objet ou le rang, et destitueroit tous ces fonctionnaires à sa volonté, seroit un gouvernement parfaitement *démocratique*.

Dans le premier cas tous les fonctionnaires publics seroient les représentans d'un seul individu; dans le second, ils seroient les représentans d'un être collectif, également individuel et unique. Dans les deux cas, ils ne seroient jamais que des fonctionnaires sans consistance personnelle et sans autorité comme sans mandat hors des limites de leurs fonctions.

Entre ces deux gouvernemens extrêmes, et plus ou moins près de l'un ou de l'autre, sont tous les gouvernemens qui ont réellement existé.

Dans tous ces gouvernemens il y a eu et il y a différentes classes de fonctionnaires, revêtus de pouvoirs de diverse origine, c'est-à-dire ayant reçu leur mandat de diverses autorités, c'est-à-dire représentant des mandans divers.

Ainsi les syndics des corporations des boulangers, des bouchers, des marchands de draps, etc. étoient les représentans de la petite société dont les membres avoient concouru à leur élection. Ainsi les officiers municipaux de tout genre étoient les représentans des habitans qui les avoient nommés. Ainsi partout où il y a eu élection de fonctionnaires, ces fonctionnaires ont été, dans l'étendue de leurs fonctions, les représentans des électeurs.

Il n'est donc aucun gouvernement où le système représentatif n'ait été introduit par la force même des choses, et ce système existe et s'applique depuis qu'il y a des sociétés.

Qu'on ne dise pas que les fonctionnaires du genre de ceux que nous venons de citer, ne sont pas des fonctionnaires publics, et ne font pas partie du gouvernement ; ce seroit avoir sur la société des vues bien étroites et bien légères. Tout fonctionnaire appelé à occuper un emploi qui intéresse une communauté de citoyens, et à exercer sur la communauté, grande ou petite, une autorité déterminée, est un fonctionnaire public, et occupe une place dans le gouvernement. De même que la société se compose d'une multitude de petites sociétés unies par certaines relations, de même le gouvernement en général se forme d'un grand nombre de petits gouvernemens coordonnés suivant une certaine hiérarchie.

Ainsi au fond, le représentant n'est qu'un fonctionnaire, un chargé d'affaires élu pour un but, dans des limites et à des conditions déterminées. Au fait, il y a eu représentation partout où il y a eu élection, quelle que soit la nature des fonctions pour lesquelles l'élection a eu lieu. La représentation n'est et ne peut être que cela ; et, en tant qu'elle est cela, il y a longtemps qu'elle existe et se pratique dans le monde. Qu'on parcoure l'histoire de tous les gouvernemens, démocraties, aristocraties, monarchies, n'importe ; on trouvera partout une certaine portion du gouvernement constituée, et agissant d'après le système de la représentation; c'est-à-dire qu'on verra partout un certain nombre et certaines classes de fonctionnaires élus par les diverses sociétés partielles qui forment l'Etat, pour occuper certains emplois.

Lors donc qu'on a voulu appliquer au gouvernement central lui-même l'idée de la représentation, lorsqu'on a voulu faire exercer une certaine portion de la puissance législative et souveraine par des législateurs élus, on n'a fait que créer dans l'Etat un nouvel ordre de fonctionnaires dont on a confié la nomination à des citoyens chargés de remplir les fonctions d'électeurs.

En résumé, soit qu'il s'agisse de législation, d'administration, de judicature, ou de tout autre genre de fonctions, lorsque la nature et l'étendue de ces fonctions sont définies et connues, l'homme qui est appelé à les remplir représente celui ou ceux qui les lui confient : cette qualité de représentant ne lui confère d'autre droit que celui de remplir les fonctions dont il est revêtu, sans en dépasser les bornes, et conformément à la définition qui en a été donnée; et il représente ses commettans en ce sens seulement qu'ils l'ont jugé le plus digne et le plus capable d'exercer des fonctions déterminées auxquelles la loi les chargeoit de nommer.

En réduisant ainsi le mot de *représentation* à un sens simple, le seul qu'on puisse raisonnablement lui attribuer, on voit que, quelles que soient l'autorité qui nomme et la nature des fonctions concédées, le fonctionnaire élu est le représentant de l'électeur, en tant que l'électeur est autorisé à se faire représenter. En France, les préfets et les sous-préfets sont donc les représentans du Roi qui les a nommés, comme les députés sont les représentans des colléges électoraux qui les ont élus : en Amérique tous les fonctionnaires de l'ordre civil ou judiciaire, sont, aussi bien que les députés au congrès, les représentans des citoyens qui ont concouru à leur nomination.

La diversité des combinaisons politiques peut faire varier à l'infini l'origine et l'étendue des mandats confiés aux diverses sortes de fonctionnaires représentans; ces fonctionnaires peuvent être, à l'égard de l'autorité qui les a choisis, dans les rapports d'une dépendance plus ou moins directe, plus ou moins étroite; mais toutes ces circonstances ne changent point au fond la nature de l'idée de *représentation*, et le sens que nous lui avons attribué.

Si, par cette expression, l'on n'avoit jamais entendu rien de plus, si, dès l'origine, on en avoit bien compris la valeur et mesuré exactement la portée, on n'auroit pas jeté dans les théories politiques une confusion dont les effets se font encore cruellement sentir. Par malheur, à l'époque où l'on a voulu introduire le fait de la représentation dans le domaine de la puissance législative, c'est-à-dire au cœur du gouvernement, les notions étoient si vagues et les prétentions si exorbitantes que les faits ont été dénaturés et le sens des mots torturé par ceux qui vouloient les accommoder à des idées d'un ordre tout différent et à des desseins qu'ils n'eussent osé avouer. C'est l'idée de la souveraineté du peuple qui a corrompu l'idée de la représentation.

Ce n'est pas ici le lieu d'examiner et de combattre la doctrine de la souveraineté du peuple; M. Ancillon en a développé les effets. Nous nous bornerons à dire qu'elle a été pendant notre révolution la base fondamentale à laquelle ont été contraintes de s'adapter toutes les idées, toutes les expressions et toutes les institutions politiques. De cette doctrine on a conclu que le pouvoir électif étoit le seul pouvoir légitime; que le peuple investissoit de sa souveraineté les fonctionnaires qu'il élisoit; que ses représentans représentoient nécessairement ses opinions et ses intérêts, et par conséquent ses volontés; qu'il pouvoit conférer un mandat illimité comme des mandats spéciaux; que, pendant la durée du mandat, le mandataire réunissoit en sa personne tous les pouvoirs, toutes les qualités du mandant, etc. Peu à peu la souveraineté du peuple a passé tout entière dans la classe des mandataires du peuple, et la France s'est trouvée soumise à la tyrannie la plus épouvantable dont l'histoire offre l'exemple.

Ces temps sont passés, mais l'idée de la représentation est restée entachée de cette pernicieuse doctrine. Les esprits se sont accoutumés à voir dans la qualité de *représentant*, non une fonction spéciale ayant un objet déterminé, et resserrée dans certaines limites, mais un caractère vague et sacré qui donnoit aux hommes qui l'avoient reçu, le droit de parler au nom de la nation, de se considérer comme les véritables interprètes de ses opinions, les défenseurs nés de ses intérêts, les dépositaires de ses droits. De-là doit résulter inévitablement pour toute corporation de fonctionnaires élus par le peuple, une prépondérance de crédit et de pouvoir qui confond toutes les idées, dénature toutes les fonctions, et porte le désordre dans tous les ressorts de la machine politique.

En y regardant de près on verra que, partout où il y a élection, il faut nécessairement que l'élection ait pour objet des fonctions connues et déterminées, c'est-à-dire que l'election suppose nécessairement le mandat. Comment concevoir en effet que les électeurs disent à l'élu : — Nous vous chargeons d'exprimer nos opinions et de dire nos volontés. — Les opinions et les volontés varient à l'infini et changent selon les circonstances : nul homme ne peut se faire, pour un temps donné, l'organe passif et l'instrument machinal des opinions et des volontés d'un autre, encore moins des opinions et des volontés d'une nombreuse réunion d'hommes. Le mandataire ne sauroit donc représenter les opinions et les volontés des mandans ; il ne peut s'en prévaloir ; car ce n'est-là ni sa mission ni son titre : il est simplement chargé d'exercer, selon ses propres opinions et sa propre volonté, des fonctions déterminées : l'étendue et la nature de ces fonctions constituent son unique mandat ; ce mandat est le seul domaine dans lequel il puisse agir et la seule lettre de créance qu'il puisse invoquer.

L'application du système représentatif à l'exercice de la puissance législative ne change donc point la nature de la représentation. Là, comme ailleurs, le représentant n'est qu'un fonctionnaire public, chargé d'occuper un emploi déterminé, et contenu dans les bornes de cet emploi : l'importance des fonctions législatives, la latitude qui doit nécessairement être laissée à ceux qui les exercent, n'empêchent pas qu'elles n'aient leurs limites, et qu'au delà de ces limites, le représentant législateur n'ait plus ni caractère ni autorité Ces limites ont été reconnues et assignées dans les pays où le pouvoir exécutif est le plus restreint, dans ceux même où cette chimère qu'on est convenu d'appeler la souveraineté du peuple, semble avoir été adoptée comme premier principe politique. Peu importe que le mandat des représentans législateurs soit plus ou moins étendu, peu importe qu'il leur vienne des électeurs mêmes ou d'une autre source ; dès que le mandat existe, et il ne peut pas ne pas exister, il détermine les fonctions que les mandataires ont à remplir, et les ressetre dans sa propre enceinte.

Le mandat de nos représentans législateurs est dans la Charte ; c'est la Charte qui a établi leurs fonctions, qui en a défini la nature et posé les bornes ; c'est en exécution de la Charte, et pour occuper la place qu'elle leur a assignée, qu'ils ont été nommés : les électeurs n'ont pu leur conférer un mandat différent. Dès qu'ils sortent de ce mandat, dès qu'ils veulent faire ce que la Charte n'a pas rangé parmi leurs fonctions, ils perdent leur caractère légitime, ils ne sont plus les mandataires de personne, et ne peuvent plus se prévaloir de leur titre de représentans, car ils ne représentent plus rien que leur propre volonté.

Ils n'ont qu'une voie pour sortir de cette enceinte que la Charte a tracée autour d'eux, c'est d'invoquer la doctrine de la souveraineté du peuple, de se dire les représentans d'un pouvoir supérieur à tout, qui embrasse tout, et que rien ne peut limiter ou lier. Quand ils prétendent représenter les opinions, les intérêts, les volontés nationales, quand ils parlent au nom de la nation qui les a élus, alors ils s'arrogent un mandat illimité, antérieur et supérieur à celui que la Charte leur assigne ; alors ils ressuscitent la doctrine de la souveraineté du peuple ; alors ils attaquent la légitimité de la Charte et de l'autorité qui l'a donnée ; alors ils remettent en question l'existence même du gouvernement dans lequel ils n'ont été appelés que pour y occuper un certain emploi.

Je ne connois qu'un moyen d'échapper à ces déplorables conséquences, c'est d'en anéantir le principe, c'est-à-dire de reconnoître que l'introduction d'un élément représentatif dans l'exercice de la puissance législative, n'est que l'extension d'un principe déjà appliqué, presqu'en tout pays, à diverses parties de la machine politique; que les représentans législateurs ne sont que des fonctionnaires publics, comme les représentans de tout genre, quelles que soient la qualité des représentés et l'origine du mandat ; enfin que ce mandat, dès qu'il existe, détermine la nature et les limites des fonctions qu'ont à remplir les mandataires ; que, dès qu'ils s'en écartent, ils perdent le caractère dont ils ont été revêtus, en vertu, mais aussi en conformité du mandat, et que dès lors ils n'ont plus droit d'invoquer ni leur titre, ni leur mission, car ils n'en ont plus.

NOTE II.

En France, le Roi seul peut proposer la loi. Chez une nation si vive et si mobile, après une révolution qui a tout bouleversé et tout laissé en mouvement, cette combinaison a probablement été sage et prudente.

La Charte attribue au Roi la proposition de la loi : cela résulte non-seulement d'articles exprès, mais encore de l'esprit et de l'intention de la Charte toutentière.

Après ce droit exclusif du Roi, viennent les deux droits accordés aux Chambres : 1°. celui de supplier le Roi de proposer une loi sur quelque objet que ce soit, et d'indiquer ce qu'il leur paroît convenable que la loi contienne : 2°. celui de proposer des amendemens aux lois proposées par le Roi.

Ces trois principes sont incontestables et clairs ; on peut les considérer comme des faits primitifs, comme des points fixes qui doivent être rangés au nombre des bases fondamentales de notre gouvernement.

Mais les principes les plus clairs enfantent, dans l'application, une multitude de conséquences diverses ; les faits primitifs les plus simples sont susceptibles des interprétations les plus dissemblables ; les points de départ les mieux arrêtés n'empêchent pas qu'on ne puisse prendre, en s'en éloignant, des routes différentes. Le gouvernement est une machine immense et flexible dont le jeu et les résultats peuvent être modifiés à l'infini par la conduite des hommes qui en font mouvoir les ressorts.

Pendant la dernière session, de vives et fréquentes discussions se sont élevées au sujet de l'initiative royale et du droit qu'ont les Chambres, soit de supplier le Roi de proposer une loi sur un objet quelconque, soit d'amender les lois proposées par le Roi. Les défenseurs de l'initiative royale ont accusé leurs adversaires d'usurper cette initiative, et de changer par là la nature même de notre gouvernement, en attirant au sein de la Chambre des Députés la direction souveraine de la législation, c'est-à-dire le gouvernement lui-même tout entier : ceux-ci leur ont reproché à leur tour de vouloir enlever aux Chambres le droit de proposition indirecte et le droit d'amendement dont la Charte les a investies : ils ont soutenu, que ce qu'on appeloit usurpation et envahissement n'étoit que l'exercice de ces droits, et que, puisque les Chambres les possédoient, on ne pouvoit leur interdire d'en user. On a débattu, des deux parts, la question de savoir quelle étoit la nature et quelle devoit être la limite des amendemens; on a demandé quel pouvoit être l'inconvénient de suppliques auxquelles le Roi étoit libre de n'avoir nul égard; et la plupart des affaires dont les Chambres ont eu à s'occuper ont entraîné le renouvellement de cette discussion, qui a paru d'une importance fondamentale.

Elle est en effet fort importante aujourd'hui, quoiqu'elle soit probablement destinée à devenir un jour oiseuse et sans objet. Tant que le Gouvernement et les Chambres seront des corps séparés, placés en présence les uns des autres, et appelés à tendre au même but par des routes diverses, il est indispensable que l'un de ces corps marche en tête, ait, à l'exclusion des autres, la direction souveraine des affaires, et jouisse par conséquent, pour la proposition de la loi, d'une véritable initiative. Un temps viendra où le gouvernement et les Chambres se seront pénétrés réciproquement, et si bien identifiés, qu'on ne pourra plus dire à qui appartient l'initiative, et que personne n'aura plus besoin de l'attaquer ou de la réclamer, pour soutenir ses priviléges : le gouvernement l'exercera par les Chambres mêmes, et l'unité politique se trouvera ainsi rétablie sans qu'aucun des trois pouvoirs ait lieu de se plaindre qu'elle existe à son détriment. La nature de nos institutions actuelles amènera nécessairement ces conséquences ; mais elles n'ont pu encore se développer ; il est impossible de les introduire tout d'un coup avant que la marche du temps les ait fait naître ; et cependant il faut que l'unité existe, c'est-à-dire il faut qu'un des trois pouvoirs gouverne, car il n'y a pas de gouvernement sans unité.

Il faut donc qu'un des trois pouvoirs exerce, pour la proposition de la loi, une véritable initiative ; or il est évident que c'est au Roi que la Charte l'a donnée ; et puisqu'il l'exerce en vertu de la Charte, les Chambres, qui tiennent également de la Charte seule leur existence et leurs droits, sont obligées de la respecter.

De ce que la Charte, en attribuant au Roi seul la proposition de loi, a donné en même temps aux Chambres un droit de proposition indirecte et un droit d'amendement, il ne faut pas conclure que ces droits soient égaux et parallèles au droit d'initiative, c'est-à-dire qu'ils puissent être exercés indifféremment et d'une manière illimitée.

La Charte, comme toutes les constitutions écrites,

n'a pu régler que des formes; mais, par les formes mêmes qu'elle a établies en cette occasion, elle a indiqué quel esprit devoit y présider. Quant au droit de proposition indirecte qui est accordé aux Chambres, elle dit (art. 20) que les demandes de cette nature ne pourront être discutées qu'en comité secret, et qu'elles ne seront envoyées d'une Chambre à l'autre qu'après un délai de dix jours. Quant au droit d'amendement, la Charte déclare (art. 46) qu'aucun amendement ne peut être fait à une loi s'il n'a été proposé ou consenti par le Roi, et s'il n'a été renvoyé et discuté dans les bureaux. En imposant ainsi à l'exercice de ces droits des formes particulières et certaines conditions, la Charte montre que l'intention du législateur a été de ne les constituer que comme des droits subordonnés dont l'usage étoit sans doute légitime et possible, mais qui ne devoient pas intervenir sans cesse, et s'associer d'une manière intime et constante à la marche du gouvernement. Le droit de proposition indirecte et le droit d'amendement sont donc des droits spéciaux, des modifications du principe de l'initiative royale; mais ce dernier principe est le pivot de la législation, le moteur de ce grand œuvre, et doit toujours dominer des droits d'un usage plus rare et plus limité. De ce que la Charte accorde à la Chambre des Députés le droit d'accuser les ministres, la Chambre concluroit-elle qu'elle peut, sans inconvénient, user chaque jour de ce droit?

Mais ce n'est pas seulement dans le texte de la Charte, c'est surtout dans son esprit qu'il faut chercher les motifs et les preuves de cette doctrine; la nature d'un gouvernement ne résulte pas uniquement de quelques dispositions législatives qui peuvent toujours se prêter à des interprétations ou à des conséquences fort diverses : c'est en pénétrant plus avant dans le système général des lois, c'est en examinant soit les besoins et les mœurs de la société qu'elles sont destinées à régir, soit les intentions du législateur primitif, qu'on peut en saisir le véritable sens, et les développer ou les appliquer d'une manière qui corresponde au but qu'elles se sont proposé d'atteindre. Or, qui peut douter que ce caractère général de notre gouvernement ne soit essentiellement monarchique ? N'est ce pas là l'empreinte originaire de la Charte? cette empreinte ne se retrouve-t-elle pas dans une multitude de lois spéciales, d'institutions particulières que la monarchie seule motive et peut expliquer? Est-ce donc quand telle est la nature de notre gouvernement, quand cette nature est si évidemment conforme à l'état et aux besoins de la France, est-ce en ce moment et dans cette situation des choses, qu'il faut entendre dans un sens différent et diriger vers un autre but telle ou telle institution, telle ou telle disposition législative? ne craint-on pas d'introduire ainsi dans nos lois et dans la marche même de notre gouvernement, une discordance, un défaut de conséquence, qui pourroient avoir les suites les plus funestes? Nous sommes entrés d'hier dans la route de la monarchie constitutionnelle ; faut-il donc nous en écarter déjà, dénaturer des institutions naissantes, et déplacer au hasard les pièces d'une machine dont le jeu tranquille doit nous conduire au repos et à la liberté ? Ce n'est là certainement ni l'intention du Roi, ni le sens de la Charte, ni l'intérêt de la patrie.

Toute interprétation, toute application du droit de proposition indirecte, ou du droit d'amendement, accordés aux Chambres, qui tendroit à rendre nul ou vain le droit de l'initiative royale, seroit donc positivement contraire à la nature de notre gouvernement, au véritable sens de nos institutions et aux besoins de l'Etat.

Où commence cette interprétation dangereuse? Dans quelles limites doit être restreint l'exercice de ces droits incontestables bien que secondaires? Questions impossibles à résoudre d'une manière générale. Nul doute cependant que le droit d'amender une loi ne donne pas celui de présenter une loi directement contraire à la loi qui a été proposée, que la banqueroute, par exemple, ne sauroit être considérée comme un amendement à la proposition du paiement intégral de la dette publique; que la restitution des bois du clergé n'est pas non plus un amendement à une proposition sur la réversibilité des pensions ecclésiastiques. Tout amendement dont le résultat seroit de dénaturer la loi proposée, de substituer à ses dispositions des dispositions contraires, ou d'y intercaler des dispositions complétement étrangères à son but spécial, seroit évidemment un abus du droit d'amender, une usurpation du droit d'initiative. L'impossibilité de déterminer en principe et d'une manière précise le point où commence l'abus n'empêche pas que l'abus ne soit réel, et si l'on ne peut assigner d'avance à quelle époque ou en quel lieu s'opère la transformation de l'amendement en initiative, cette transformation n'en est pas moins, dans chaque cas particulier, évidente et incontestable.

Il en est de même du droit de proposition indirecte ; les Chambres en jouissent et peuvent l'exercer ; mais les limites dans lesquelles doit en être contenu l'exercice ne sauroient être déterminées *à priori :* sans doute il peut être dangereux d'élever hors de propos telle ou telle question, et de forcer ainsi le gouvernement à se prononcer quand il croit devoir se taire ; sans doute une multitude de suppliques indiscrètes et inattendues peuvent jeter l'agitation dans les esprits, et rendre ainsi la tâche du pouvoir exécutif plus difficile ; tout ce qui tend soit à ébranler beaucoup de lois anciennes, soit à introduire brusquement beaucoup de lois nouvelles, embarrasse et affoiblit l'autorité qui doit appliquer et maintenir les lois. Mais en vain essaieroit-on d'établir à cet égard des règles générales ; elles seroient toujours insuffisantes et vagues.

Tout dépend ici de l'habileté du gouvernement et de la bonne foi des Chambres ; c'est au gouvernement à empêcher qu'on n'envahisse ses droits ; c'est aux Chambres à connoître quels sont leur devoirs. Le principe est positif et simple ; c'est à ceux qui sont chargés de l'appliquer qu'il appartient de l'observer ou de le faire respecter à chaque occasion. Le nombre et l'infinie variété des applications ne permettent pas de poser, en cette matière, des distinctions assez nettes et assez tranchantes pour dispenser de l'examen des cas particuliers. Ceci est une affaire de conduite, où une sagacité et une prudence de tous les jours peuvent seules servir de guides.

Affaire d'une haute importance dans l'état actuel de nos institutions et de nos habitudes politiques. Là où s'établit l'initiative de la loi, là résident le mouvement et la vie ; ce n'est pas d'après des dispositions législatives que se règle le lieu où se place en effet l'autorité souveraine ; elle appartient à celui qui, toujours occupé à satisfaire ou à contenir les besoins réels ou imaginaires de la société, lance dans l'arène de la discussion publique les mesures et les propositions destinées à remplir ce but : l'exécution des lois ne s'applique jamais qu'à des intérêts particuliers, et n'occupe que les individus qu'elle concerne spécialement : la législation au contraire embrasse tous les intérêts, s'empare de la société tout entière, et attire nécessairement tous les regards. Le gouvernement réside donc là où est le centre, là où agit le mobile de la législation : vers ce point gravitent et les projets des novateurs et les espérances des grands ambitieux ; là se rattachent les destinées de l'Etat, et tout l'avenir de la patrie. Celui qui peut, à son gré et selon ses desseins, assurer le maintien ou proposer le changement des lois qui gouvernent tous les citoyens, appeler à une discussion publique toutes les opinions et tous les intérêts, ouvrir aux partis la carrière, et mettre ainsi en mouvement tous les élémens actifs du corps social, celui-là est le véritable chef de l'Etat. Que ceux qui sont appelés à gouverner conservent donc précieusement l'initiative ; car, si elle leur échappe, le gouvernement la suivra dans le lieu où elle aura pris son séjour.

NOTE III.

Souvent une constitution paroît admirable en théorie, car la théorie fait abstraction de toutes les spécialités; et, dans sa marche indépendante et fière, elle ne tient aucun compte de la résistance que les réalités opposent à ses principes. Mais aussitôt qu'on en vient à l'exécution, les faits négligés ou méprisés se vengent...... Ainsi, en politique et en législation, la théorie seule est de peu d'usage; elle ne s'accordera jamais complétement avec la pratique, et réussira rarement dans le fait.

C'est un lieu commun, bien commun que cette phrase : *Cela est bon en théorie, mais ne vaut rien dans la pratique;* quand on y regarde de près, on s'aperçoit qu'elle est, comme la plupart des lieux communs, complétement vide de sens. Je m'étonne qu'un homme aussi éclairé que M. Ancillon se soit laissé aller à répéter cette absurdité banale. Que ne s'est-il donné la peine d'appliquer aux théories politiques, ce qu'il dit, dans le premier chapitre de son ouvrage, des théories philosophiques sur l'origine de la société : « Toute hypothèse qui n'explique pas les faits ou qui ne cadre pas avec les faits qu'elle doit expliquer, est à rejeter. » De même toute théorie qui n'embrasse pas tous les faits ou qui n'est pas en accord avec tous les faits, qu'elle doit embrasser, est fausse. Qu'est-ce en effet qu'une théorie ? ce n'est point une combinaison *à priori* de certains principes et de certaines formes, logiquement déduits et rigoureusement enchaînés, mais sans relation avec les réalités auxquelles on prétend les appliquer : il a plu à quelques publicistes de donner à de pareilles combinaisons le nom de *théories ;* ce sont de pures conceptions de l'esprit, plus ou moins ingénieuses, plus ou moins vagues, mais qui deviennent absurdes dès qu'elles essaient de sortir de la sphère des rêveries intellectuelles : ce sont de véritables hypothèses, où tout est réellement hypothétique, et qui n'ont d'autre but, d'autre résultat que de satisfaire le goût de l'esprit pour les combinaisons logiques.

Une théorie, en politique comme dans toutes les sciences qui puisent leurs matériaux dans les faits, n'est autre chose que l'ensemble des principes généraux résultant de l'observation et de la comparaison de tous les faits qu'on a entrepris de réduire à une expression simple, et dont on veut connoître les rapports et les lois. De là résulte que tout gouvernement a sa théorie, et par conséquent que tout pays doit avoir son gouvernement particulier. Ainsi, quand on dit que le meilleur gouvernement est celui qui convient le mieux à l'état de la société qu'il doit régir, cela veut dire que le meilleur gouvernement est celui dont la théorie se fonde sur les faits dont l'ensemble constitue telle ou telle société déterminée.

On ne doit donc point, comme semble le faire M. Ancillon, appliquer aux théories en général, les reproches qu'on adresse, avec raison, aux hypothèses incomplètes, aux fausses théories. Qu'on ne dise donc pas qu'en politique et en législation la théorie *est de peu d'usage ;* car il est impossible, au contraire, de bien conduire un gouvernement, si l'on n'en connoît parfaitement, si l'on n'en conçoit nettement la théorie. L'ordre social comprend, d'une part, la société à gouverner ; de l'autre, les institutions dont l'ensemble forme le gouvernement de la société : ce sont là les deux points de départ, les deux grands faits primitifs qui doivent se coordonner l'un à l'autre. Les hommes qui sont chargés de la direction de l'ordre social, ont donc un besoin impérieux de connoître et la théorie de la société qu'ils ont à gouverner, et la théorie des institutions qui sont leurs moyens de gouvernement. J'entends par la *théorie de la société*, l'ensemble des faits qui constituent l'état de cette société et des lois d'après lesquelles ces faits s'unissent et coexistent. J'entends de même par la *théorie des institutions*, l'ensemble des principes auxquels ces institutions peuvent être rapportées, qui en font la base et en déterminent la nature. Sans l'étude constante et la connoissance approfondie des deux grandes classes de faits et de principes qui forment ces deux théories, le gouvernement marche au hasard, sans plan et sans but : la raison ne préside point à ses œuvres ; il est le jouet des événemens et des innombrables combinaisons imprévues qu'amène la fermentation permanente des élémens sociaux ; il est surtout exposé à agir souvent contre sa propre nature, contre sa véritable théorie, contre la théorie perpétuellement changeante de la société qu'il régit, et par suite contre l'intérêt de cette société et le sien.

Il est enfin une théorie éternelle, immuable, qui se développe peu à peu dans la nature humaine, et s'applique progressivement aux diverses parties de la société; c'est la *théorie de la morale*. Lorsque de nouvelles idées morales, de nouveaux sentimens moraux ont germé et se sont établis dans la raison et dans le cœur des hommes, alors périssent les institutions en désaccord avec ces sentimens et ces idées. Quand cette chute a lieu avec de grands bouleversemens, à travers les épouvantables désordres qu'elle entraîne, et malgré le déchaînement de cette nuée de passions criminelles et d'intérêts honteux qui se déploient alors sans frein, un esprit clairvoyant découvre sans peine que la première cause de ces désordres a été le désordre moral des institutions renversées et l'incompatibilité de ces institutions avec les opinions morales et les sentimens moraux de la nation. Voilà ce que les gouvernemens sont absolument obligés de croire et d'observer : il faut qu'ils sachent que le défaut de justice est un principe de ruine, que ce principe doit agir tôt ou tard, et qu'à mesure que les idées de justice s'étendent, à mesure qu'elles s'appliquent à un plus grand nombre d'individus ou de rapports, à mesure que les sentimens qui les accompagnent se développent et acquièrent plus d'empire, les institutions de tout genre sont dans la nécessité de s'accommoder à ce progrès sous peine de périr. Ce ne sont ni les intérêts particuliers, ni les passions individuelles, ni des opinions purement spéculatives qui amènent les révolutions ; rien de tout cela n'auroit assez de force pour soulever et égarer un peuple ; c'est au changement de l'état moral des sociétés qu'on est toujours contraint, en dernière analyse, de rapporter les grands changemens politiques. Les idées et les sentimens moraux exercent seuls assez de puissance, et obtiennent seuls assez de crédit pour produire de pareils effets.

Il est donc d'une nécessité absolue que la théorie de la morale s'associe aux institutions politiques et les modifie progressivement : ce n'est point là une théorie vaine, une pure conception de l'esprit dont on puisse contester les avantages ; c'est une condition impérieuse de la durée paisible des institutions. Je ne dis pas qu'il faille changer brusquement les institutions et les lois d'après ce que semblent exiger les nouvelles idées, les nouveaux sentimens moraux qui se sont développés dans la société, car c'est ainsi qu'on amène les désastres de Saint-Domingue ; il y faut, comme partout, de la circonspection et du temps ; il faut que la société soit en état d'user avec justice de la justice qu'elle demande ; il faut s'assurer que les innovations qu'on va faire ne tourneront pas au profit des passions personnelles, et en diriger la marche de telle sorte qu'elles satisfassent plus qu'elles n'excitent. Cela veut dire que le gouvernement, soit qu'il ait à soutenir ou à modifier des institutions anciennes, soit qu'il ait à introduire et à consolider des institutions nouvelles, doit nécessairement prendre pour guides, 1°. l'état de la société qu'il régit ; 2°. la nature des institutions dont il se sert ; 3°. les besoins moraux de la nation, et les opinions ainsi que les sentimens qui s'y rapportent. Or, ce n'est pas en recueillant, sur ces trois grandes classes de faits, quelques observations isolées, qu'il peut les bien connoître et les consulter avec fruit ; c'est en les étudiant dans leur ensemble, en en recherchant les rapports, en les ramenant à leurs principes fondamentaux et à leurs lois générales ; c'est en un mot en les réduisant en de véritables *théories*.

Il faut donc distinguer avec beaucoup de soin, lorsqu'on parle des théories politiques, ces combinaisons plus ou moins applicables de formes et de moyens de gouvernement, conçues par les publicistes, et qui ne sont au fond que des hypothèses, d'avec ces principes généraux, déduits soit des faits, soit des vérités morales, qui constituent de vraies et impérieuses théories. C'est toujours aux théories de ce genre que les conceptions des publicistes cherchent à se rattacher; c'est là qu'elles s'efforcent de puiser quelque consistance; et c'est cette alliance qu'il importe de démêler pour ne pas confondre dans la même proscription ce qui est réel et nécessaire avec ce qui peut être chimérique, ou d'une dangereuse application. Il y a donc une inexactitude peu philosophique à affirmer, comme le dit plus loin M. Ancillon, que « plus une » constitution sera spécialement appropriée à un certain » peuple, moins on réussira à l'introduire chez un autre » peuple. » S'il y a dans une constitution étrangère des parties qui correspondent à certaines idées, à certains besoins moraux qui se sont développés chez le peuple qu'on a à gouverner, il faut nécessairement se résoudre à ce genre d'emprunt, et adopter les principes ou les formes de gouvernement qui ont satisfait, chez d'autres peuples, à ces besoins et à ces idées qu'on ne sauroit détruire. Ce n'est pas comme combinaison politique que la constitution anglaise est devenue l'objet de l'admiration et des imitations de diverses nations européennes; c'est parce que les principes sur lesquels elle repose sont d'accord avec les nouveaux sentimens moraux, avec la nouvelle théorie morale, qui se sont établis en Europe. C'est donc là aussi ce qu'il faut lui emprunter; et il y auroit bien peu d'étendue d'esprit à n'y voir que les deux Chambres ou les deux partis de l'opposition et du ministère.

C'est seulement ainsi sans doute que les théories politiques ont quelque réalité et deviennent susceptibles d'application ; mais, considérées sous ce point de vue, elles sont d'une extrême importance ; je dis plus, elles fournissent les seuls moyens de gouverner aujourd'hui le monde.

NOTE IV.

Lorsque, dans un grand royaume, les provinces dont il est composé fournissent des élémens très-différens, l'unité de l'Etat n'exige pas que toutes les provinces soient régies par les mêmes lois. C'est dans l'unité de la puissance souveraine et non dans l'uniformité des lois que réside l'unité politique.

LA question de l'unité ou plutôt de l'uniformité des lois et de l'administration occupe maintenant un grand nombre d'esprits; elle a été souvent débattue et résolue fort diversement : il est aisé de voir que l'importance qu'on lui donne aujourd'hui tient, non au désir de faire prévaloir un certain système politique, mais au dessein de satisfaire des intérêts qu'on n'ose avouer, et dont le succès paroît dépendre du triomphe de l'opinion qui leur sert de masque.

Ecartons d'abord toute comparaison entre le pays pour lequel a écrit M. Ancillon et le nôtre : les situations sont, je ne dirai pas seulement différentes, mais opposées. En Prusse l'uniformité de la législation et de l'administration n'existe point; chaque province a ses réglemens, ses usages, ses priviléges ; les autorités provinciales et municipales ont une consistance réelle, des attributions anciennes, et une certaine mesure de pouvoir qui s'exerce là d'une manière, ici d'une autre, mais que depuis long-temps les officiers provinciaux ou municipaux sont accoutumés à exercer, et les habitans des provinces ou des villes à reconnoître et à respecter. Aucune révolution n'a encore bouleversé tout cela, et à Dieu ne plaise que le bouleversement s'en empare ! En France au contraire une révolution terrible a détruit tous les priviléges spéciaux, et par suite presque toutes les habitudes locales; le système de l'unité a prévalu dans toutes les branches de l'ordre social; le pouvoir central est devenu le pouvoir unique, et les autorités départementales ou municipales n'ont conservé que des attributions et une action sans réalité ou sans importance.

Est-ce un bien, est-ce un mal? avant d'aborder cette question, et pour en déduire quelques résultats utiles, il faut commencer par constater et reconnoître le fait; car, je pense, comme M. Ancillon, que l'état de la nation et du pays doit être le point de départ et le point d'appui de toute innovation, de toute modification dans le système de l'administration et des lois.

En 1789, que disoient les hommes sensés aux novateurs qui vouloient donner brusquement à la France une constitution nouvelle? — Prenez garde; vous allez appeler au partage du pouvoir souverain des hommes que rien n'a préparés à l'exercice de ce pouvoir; la nation n'a reçu aucune éducation politique; tous les arts ont leurs écoles qu'on doit parcourir, et leurs grades qu'on doit obtenir avant d'arriver au rang de *maître*. Par quel singulier privilége l'art de gouverner les hommes n'exigeroit-il pas cette instruction lente et progressive? montrez-nous vos écoles politiques; dites-nous quelles institutions ont formé les gouvernans que vous voulez nous donner; où et comment ils ont pu s'instruire à faire des lois, à administrer, à conduire les affaires et les hommes. Ouvrez donc d'abord ces écoles que rien ne sauroit remplacer; établissez, développez ces institutions fondamentales où les Français pourront apprendre, sans danger, à exercer un certain pouvoir, à appliquer leurs idées, à participer au gouvernement; quand ils se seront ainsi formés, ils pourront se produire sur un plus grand théâtre; ils y porteront leur expérience et de véritables lumières : si vous les y appelez avant qu'ils aient eu le temps d'étudier leur rôle, ils n'y porteront que leurs passions, leurs intérêts personnels, leurs desseins ambitieux, et les rêves de leur ignorance. » —

Voilà ce que ne cessoient de répéter les hommes qui s'opposoient à la convocation des Etats-Généraux, qui demandoient qu'on se bornât à l'établissement ou à l'extension des assemblées provinciales, qui vouloient enfin que le Roi fît lui-même les réformes exigées par le temps, au lieu de partager tout à coup son pouvoir avec de prétendus réformateurs qui, nécessairement, ne devoient savoir que détruire.

Ce qui étoit vrai en 1789, quoique nous ne l'ayons pas cru, ne seroit-il plus vrai aujourd'hui? ou le croirions-nous aussi peu, quoique l'expérience ait pris soin d'en démontrer la vérité? La question est bien simple; il ne s'agit que de retourner le discours et d'appliquer aux autorités départementales et municipales, ce qu'on disoit, en 1789, contre la représentation nationale et la convocation des Etats-Généraux. Il est de fait que tous les gouvernemens révolutionnaires, et surtout Buonaparte, ont constamment travaillé à faire prévaloir ce qu'on appelle le système de la centralisation et de l'unité; que ce système a tout envahi et s'est incorporé à toutes nos institutions; que c'est le seul que connoissent et qu'aient eu à appliquer tous les hommes qui, depuis vingt-cinq ans, ont pris part aux affaires publiques; qu'on l'a étudié et suivi dans la législation, dans l'administration, dans la judicature, dans l'éducation nationale, partout enfin où il a pu atteindre. Il est de fait que, par une conséquence naturelle de ce système, l'esprit de localité s'est éteint; que tous les regards, toutes les ambitions, toutes les études, se sont tournés vers le gouvernement central; qu'on s'est accoutumé à attendre et à tenir tout de lui comme à lui tout rapporter; que, dans un tel état de choses, les autorités locales ont perdu toute force et tout crédit: que leur infériorité et leur nullité leur ont ravi la considération qui leur est si nécessaire: que les hommes énergiques et capables n'ont point fait de ce genre de dignités et de pouvoir l'objet de leurs recherches et de leurs travaux; qu'ainsi ont disparu et cette influence personnelle, et ces connoissances spéciales, et cette sorte d'habileté, sans lesquelles les autorités locales ne sauroient subsister; qu'enfin les conseils généraux, les conseils d'arrondissement et les conseils municipaux n'ont pas plus appris à conduire les affaires de leur département, de leur arrondissement et de leur ville, que l'Assemblée constituante n'avoit appris à gouverner la France.

On me dira, sans doute, que les autorités locales ont bien moins à apprendre et à faire que l'Assemblée constituante; et que, ce qu'elles ont à apprendre et à faire, malgré les obstacles dont je viens de parler, elles doivent nécessairement le mieux savoir, et qu'elles le feront mieux que ne savoient et n'ont fait nos premières assemblées. On fera valoir la simplicité et la proximité des intérêts dont les autorités locales sont chargées;

on affirmera que personne ne peut les connoître et les conduire mieux ou même aussi bien qu'elles ; on développera les inconvéniens, les absurdités du système de centralisation ; on demandera enfin s'il est possible que, dans ce système, l'administration ne soit pas aveugle et tyrannique.

Tout cela n'est pas exact ; mais comme il y a du vrai, j'aime mieux ne rien contester ; je ne ferai qu'une seule observation.

Quand Dieu dit à la mer : *Tu iras jusque-là et pas plus loin*, Dieu savoit qu'il seroit obéi ; et d'ailleurs ce qu'il permettoit, il étoit sûr qu'au besoin il pourroit l'arrêter. S'il étoit possible de réduire tout d'un coup l'administration centrale aux attributions qui doivent lui appartenir, et de rendre aux autorités locales toutes celles qui seroient convenablement placées entre leurs mains, sans qu'il y eût lieu de craindre que ces autorités s'étendissent au-delà des limites qu'on leur auroit tracées, on pourroit entrer, sans trop de périls, dans ce système qui seroit cependant une réelle et grande innovation. Mais qu'on examine ce qui est, et qu'on se demande si les choses se passeroient ainsi.

Un esprit de désordre et d'envahissement s'est emparé de la société tout entière ; gouvernans et gouvernés, tous en paroissent atteints : aucune autorité ne sait où s'arrête son domaine, et ne consent à s'y renfermer ; toutes veulent se mêler de ce qui ne les concerne point, et influer sur ce qui leur est étranger : il semble que le pouvoir souverain appartienne à tout ce qui a quelque pouvoir, et que tous aient droit d'intervenir dans le gouvernement de la France. Il n'est pas de corps municipal qui ne se croie appelé à donner son avis sur les plus hautes questions politiques, à demander la réforme de l'éducation publique, de la législation nationale, à exercer enfin une portion de cette autorité centrale et suprême qui ne sauroit se diviser sans s'anéantir. On voit des municipalités se rassembler pour décerner des récompenses à des hommes qu'elles appellent les sauveurs de la patrie; elles se font des adresses réciproques pour se féliciter de ce que la France a échappé à quelque entreprise criminelle; là elles remercient un général de n'avoir pas trahi; ici elles complimentent des députés sur leur habileté et leur énergie. On les étonneroit beaucoup si on leur disoit que rien de tout cela ne les regarde, qu'elles n'ont point à s'en occuper, que toutes ces démarches ne sont que désordre et usurpation. Pourquoi donc s'étonneroient-elles? parce que les autorités locales ne savent plus aujourd'hui ce qu'elles sont et ce qu'elles ont à faire; parce que le gouvernement central est le seul qui ait, aux yeux de tous, une existence réelle et une véritable importance; parce que, si elles ne s'associoient pas au gouvernement central, si elles ne lui donnoient pas des conseils, si elles ne se mêloient pas de ses affaires, les autorités locales croiroient qu'elles ne sont rien et qu'elles n'ont rien fait. Depuis vingt-cinq ans, tout s'est décidé, tout s'est opéré au centre; tout est parti de là; là tout est venu aboutir; qui n'étoit pas au centre n'étoit rien et ne pouvoit rien; c'étoit au centre qu'il falloit se placer pour être et pouvoir quelque chose. Ce système politique est devenu une habitude nationale : remettez brusquement aux autorités locales l'administration des localités et une certaine mesure de pouvoir, vous les verrez travailler, je ne dis pas seulement à se rendre indépendantes, mais à devenir maîtresses; elles prendront non-seulement les affaires de leur province, mais aussi les affaires publiques pour objet de leurs délibérations et de leurs actes; elles s'érigeront en autant de petits centres d'où elles prétendront influer sur la France entière. Et ce ne sera point là le résultat des envahissemens de l'esprit de localité; ce sera au contraire la conséquence inévitable de l'absence de cet esprit, de la perte des habitudes locales, de l'insignifiance des intérêts locaux aux yeux d'hommes accoutumés à aspirer vers un plus grand théâtre, nourris d'autres idées, animés d'une autre ambition, élevés dans un système différent. Ils auront raison de vouloir s'élever plus haut, car leurs concitoyens eux-mêmes ne redoutent et ne considèrent que l'autorité venue du centre : en vain vous leur aurez remis le pouvoir local; ce pouvoir n'est rien aujourd'hui s'il ne parle au nom du pouvoir souverain; privez-le de cet appui, qu'il soit contraint de chercher dans les localités mêmes ses racines et sa force, il n'en aura point; il sera peu respecté, mal obéi; et ces habitudes d'indiscipline, qui ne s'allient que trop bien avec les habitudes de servilité, porteront le désordre et l'affoiblissement dans tous les ressorts de la machine politique.

On parle de nos libertés; on dit qu'elles n'auront ni réalité ni consistance tant que les autorités départementales et municipales ne seront pas affranchies du joug de cette administration tyrannique dont elles ne sont que les instrumens. On regarde comme une ridicule chimère la prétention d'établir, au centre même du gouvernement, une liberté qui n'aura point de racines dans les diverses parties de l'Etat. On parloit de même en 1789, bien que dans un but opposé; les communes avoient alors un grand nombre de franchises et de priviléges; alors les autorités locales de tout genre exerçoient un véritable pouvoir; l'administration centrale étoit loin de tout embrasser et de tout régler. Mais on disoit que la liberté publique n'existeroit point tant qu'elle n'auroit pas, au cœur de l'Etat, son siége et ses organes; tant que les libertés particulières ne seroient pas réunies en un faisceau, tant que la nation n'auroit aucune influence sur ses lois et sur la direction générale de ses affaires. Grâce à la sagesse du Roi, la France a vu enfin la liberté publique se placer ainsi au centre du gouvernement et s'asseoir légalement sur les marches du trône : mais quelle terrible éducation il nous a fallu subir pour devenir capables de profiter d'un tel bienfait! Quel épouvantable despotisme central a pesé sur notre patrie, d'abord sous les formes de l'anarchie la plus agitée, ensuite sous celles de l'ordre le plus oppressif! Croit-on que l'établissement subit de libertés locales qui n'ont encore de fondement ni dans nos lois ni dans nos mœurs, nous coûteroit moins cher? Pense-t-on que nous soyons mieux préparés aujourd'hui au système provincial et municipal, que nous ne l'étions, en 1789, au système de la représentation nationale et de l'unité? Veut-on savoir ce qui arriveroit à la suite d'une innovation pareille? L'administration tomberoit d'abord dans l'anarchie la plus complète, car elle seroit livrée à des autorités sans expérience, sans consistance et sans crédit ; le vaste tissu de l'administration centrale une fois déchiré, ses fils s'embarrasseroient avec les ressorts du nouveau système ; à chaque instant s'élèveroient des conflits de juridiction et des querelles de compétence : l'autorité supérieure ne pourroit remédier au désordre, car elle ne seroit plus en possession des moyens qu'elle a aujourd'hui pour le prévenir, et elle n'auroit pas encore eu le temps de s'en créer de nouveaux : bientôt elle se verroit enlever ceux qui lui seroient restés, et, exposée aux envahissemens de toutes ces autorités naissantes, dans la ferveur de l'ambition, elle se trouveroit enfin sans ressources et sans force. Sur ses ruines s'élèveroient une multitude de petits despotismes locaux, dont s'empareroient les passions personnelles ou les intérêts particuliers, qui amèneroient des luttes continuelles, et qui ne seroient ni moins oppressifs, ni moins funestes que le grand despotisme sous lequel la France a failli succomber. Peut-être de véritables libertés locales seroient-elles à la fin le fruit de ce nouveau bouleversement ; peut-être sortiroit de là quelque jour une espèce de système fédératif plus régulier et plus paisible. Mais qui osera nous conseiller de courir une telle chance, de porter nos pas dans cette carrière obscure où les dangers sont évidens et inévitables, où l'avenir est incertain ?

Quant à moi, je suis convaincu que notre monarchie contient des germes de liberté assez féconds pour que nous n'ayons pas besoin d'en semer de nouveaux, au hasard de ne recueillir d'abord que des tempêtes. Qu'on laisse à ces germes le temps de fructifier au sein de l'ordre ; c'est l'ordre seul qui assure à un peuple les bienfaits de son gouvernement et la prospérité qui les suit. Sans doute la tyrannie de l'administration centrale doit cesser; sans doute les institutions locales doivent prendre plus de développement et acquérir plus d'influence ; sans doute il faut que le mouvement et la vie pénètrent dans tous les membres du corps politique et ne se concentrent pas exclusivement dans le cœur. Mais tel ne doit pas être aujourd'hui le but principal de nos efforts, car notre gouvernement ne tarderoit pas à changer de nature et à perdre toute consistance. L'autorité du Roi n'est pas, comme celle de Buonaparte, une massue accablante qui écrase tout ce qu'elle atteint; elle peut seule au contraire rétablir partout l'ordre, l'empire des lois, et protéger ainsi le développement progressif de cet esprit public et de ces habitudes régulières, seuls fondemens solides des libertés locales comme des institutions qui s'y rattachent.

Qu'on y prenne garde ; le système provincial et municipal pourroit bien n'être aujourd'hui qu'un moyen de s'emparer, sur les lieux mêmes, d'une autorité qui paroit trop difficile à acquérir au centre du gouvernement. On trouve peut-être que le pouvoir souverain ne se prête pas assez complétement à des vues qu'il croit dangereuses; et on espère qu'en l'affoiblissant, en le démembrant, en assurant l'indépendance de ces pouvoirs locaux qu'on envahira plus aisément, on parviendra à faire prévaloir ces vues, et à satisfaire ainsi partiellement des intérêts que repousse l'intérêt général. Si cela étoit, si l'esprit de parti, sans connoître nettement son but et les résultats de sa marche, étoit le véritable auteur d'un plan semblable, je n'ai pas besoin de dire quel en seroit le danger.

NOTE V.

Un Gouvernement qui se fait l'esclave de l'esprit du temps s'expose à prendre la fantaisie du moment pour un besoin national, la voix de ceux qui crient pour la voix publique, et le langage des passions et de l'intérêt pour le langage de la raison universelle.... Il se condamne d'avance à se laisser conduire par ceux qu'il devroit diriger, à ne rendre justice à personne en voulant faire droit à tous, à voir les meilleures intentions travesties, et à être enfin amèrement blâmé par ceux-là surtout auxquels, méconnoissant sa propre force, il aura tâché de plaire.

Si cela est vrai dans un pays que n'ont point encore agité les révolutions, où les partis n'en sont pas encore venus aux mains, et n'ont encore contracté ni des intérêts indestructibles ni de violentes inimitiés, cette vérité doit être mille fois plus évidente et plus puissante au milieu d'un peuple livré depuis long-temps aux fureurs des partis, et réduit à ne voir dans tous les événemens que le triomphe alternatif de factions opposées. C'est-là surtout que le gouvernement a besoin de s'élever au-dessus des factions, de ne s'associer à aucune d'elles, et de les contenir toutes avec la même justice, avec la même fermeté. Dans les temps de fermentation et de désordre, le véritable vœu national, la véritable opinion publique, sont méconnus, comprimés, insultés; les partis seuls se montrent et agissent; et la nation n'est qu'une masse inerte, ballottée tour à tour dans les sens les plus contraires, et façonnée, mutilée, au gré des passions ou des intérêts qui se combattent sur son sein. A chaque alternative de succès et de revers, le parti vainqueur se prétend l'interprète fidèle, le vrai défenseur de l'intérêt national et de l'opinion publique ; le parti vaincu n'est qu'un ramas de révoltés, étrangers à la patrie qu'ils ont opprimée quelques instans, et qui applaudit à leur défaite. Que la chance tourne, le nouveau vainqueur tiendra le même langage, et se servira de la même illusion pour accabler son adversaire. Cependant, au milieu de ces déchiremens, la nation se perd et s'oublie elle-même ; elle s'accoutume à sa propre impuissance ; elle se résigne, bien qu'avec peine, à voir ainsi son intérêt méconnu, ses vœux trompés, son opinion travestie ; et le véritable parti national, sans force et sans voix, demeure silencieux et inactif, jusqu'au moment où la nécessité amène des secousses souvent terribles qui rétablissent chaque chose à sa place, et font rentrer dans le néant ces factions qui ont tant de fois usurpé le nom, et dénaturé le langage de la patrie dont elles causoient le malheur.

Que le gouvernement fasse lui-même alors ce que fera un jour la nécessité ; il n'a pas d'autre moyen d'établir sa puissance, et d'en assurer la durée. S'il se range une fois sous la bannière d'un parti, il renonce à lui-même, et n'est plus qu'un instrument entre les mains des vainqueurs : qu'il n'espère pas contenir ainsi leurs prétentions, changer leurs desseins, et les contraindre de s'accommoder aux intérêts et aux vœux de la nation entière ; *c'est bien mal connoître le parti*, dit le cardinal de Retz, *que de croire que le chef en est le maître ;* en vain le gouvernement s'efforcera de se montrer sage et modéré, il sera entraîné à soutenir le parti qu'il aura choisi pour soutien ; or, soutenir un parti, c'est le servir, c'est s'engager à le conduire partout où il voudra pousser l'autorité imprudente qui croit le diriger parce qu'elle marche à sa tête. Alors le gouvernement essaiera en vain de consulter l'opinion publique; elle sera muette ou timide; la voix de l'esprit de parti sera la seule qu'il entende; cette voix impérieuse étouffera tout autre langage, et donnera perpétuellement le change au gouvernement sur le véritable esprit national. Il y a plus; le parti défait ne verra dans le gouvernement que l'esclave et l'organe de ses adversaires ; c'est au gouvernement lui-même que s'adresseront tous ses reproches ; le gouvernement sera l'objet de tous ses murmures, de toutes ses défiances ; peu à peu la division s'étendra ; tous ceux qui ne voudront pas s'associer au parti victorieux se croiront dans la nécessité de se joindre au parti vaincu ; les deux camps ennemis se grossiront progressivement ; et le gouvernement n'aura fait que perpétuer une guerre dont il partagera toutes les chances, tandis qu'il auroit pu, en la terminant, échapper lui-même à tout danger.

C'est au gouvernement seul qu'il appartient de créer et d'organiser le parti vraiment national; et ce n'est qu'en le créant que le gouvernement peut assurer son indépendance et sa force. Que le gouvernement lève son propre étendard, et qu'aucun parti ne puisse dire que c'est celui de l'ennemi qu'il a long-temps combattu ; autour de ce centre viendront bientôt se rallier les intérêts nationaux, les opinions modérées, les sentimens seuls patriotiques. Peu à peu se détacheront des deux partis extrêmes tous les hommes qui seront las d'une lutte désormais impossible et qui, moyennant quelques sacrifices, espéreront trouver dans ce camp nouveau repos et sûreté: alors seront sans pouvoir les murmures séditieux; alors tomberont d'eux-mêmes les soupçons injustes; alors quiconque osera attaquer le gouvernement sera réduit à passer pour ennemi de la patrie; tous viendront prêter leur force à une puissance qui aura eu en elle-même assez de confiance pour se placer entre les combattans; et le gouvernement ne tardera pas à voir combien ces partis, si redoutables l'un pour l'autre, sont foibles et impuissans dès que le parti national, libre de se former et d'agir, ne leur permet plus d'usurper son crédit et son nom.

Voilà ce que le gouvernement peut faire, ce qui ne peut se faire sans lui, mais ce qui est, pour lui, mille fois plus facile et plus sûr qu'une marche incertaine dont les uns se méfient, et dont les autres ne sont jamais satisfaits.

NOTE VI.

Sur l'état moral de la nation française pendant et depuis la révolution.

Les grands désordres politiques sont inséparables de grands désordres moraux; mais les désordres moraux qui surviennent alors ne sont pas toujours une suite et un symptôme de la décadence morale des peuples. Mon intention n'est pas de relever ici les méprises que M. Ancillon a nécessairement dû commettre dans ce *Coup d'œil sur la révolution française.* De tels événemens sont mal connus au dehors, et ne peuvent être bien jugés qu'après des siècles. Leur immensité est telle que les contemporains, accablés sous le poids de ce qu'ils en ont vu ou souffert, sont hors d'état d'en embrasser l'ensemble, d'en saisir le caractère général, et d'en apprécier les infinies conséquences. M. Ancillon ne s'est proposé d'ailleurs que de développer quels ont été les effets de la doctrine de la souveraineté du peuple, telle qu'elle a été comprise et adoptée à cette époque : considéré sous ce point de vue, le tableau qu'il en a tracé est aussi vrai qu'effrayant. Je ne sais rien à y ajouter, et ce n'est pas ici le lieu de contester ou de rectifier les considérations qui, dans ce chapitre, sont étrangères à cette idée principale. Mais je crois devoir faire à ce sujet quelques réflexions qui me paroissent plus importantes qu'on ne le pense peut-être communément.

Il ne faut pas juger de l'état moral des peuples d'après leurs erreurs ou leurs excès. La Providence a voulu que de tels désordres accompagnassent nécessairement l'empire de certaines doctrines, la lutte des passions et le triomphe de la force. C'est d'après la nature et l'énergie des sentimens qui se déploient au milieu de ces écarts, c'est d'après la grandeur des événemens et des efforts qui en ont été le fruit, qu'on peut juger de ce qu'est un peuple, et décider s'il est, ou non, menacé d'une véritable décadence morale. La fermentation n'est pas un signe de décrépitude, et la lassitude qui la suit n'est pas une annonce de mort. Quels que soient les crimes et les désastres qu'aient entraînés une révolution de ce genre, tant que la société renferme dans son sein des opinions actives et des sentimens énergiques, tant qu'il y a, dans les esprits et dans les cœurs, dans les intérêts et dans les événemens, quelque chose de sérieux et de fort, l'état moral de la nation n'a rien d'avilissant ni d'incurable. L'homme, quand sa raison est parvenue à un certain degré de développement, a un tel besoin de justice et d'ordre, que le désordre soit moral, soit politique, lui paroît un symptôme évident de décadence et de ruine. Mais celui qui du Chaos a fait le Monde, sait quelles ressources infinies possède un peuple qui a déployé de la force dans ses excès et dans ses malheurs. Jamais de funestes doctrines n'ont exercé plus d'empire, jamais l'immoralité ne s'est montrée avec plus d'audace, jamais la société n'a été plus bouleversée qu'au temps des fureurs de la Ligue, et cependant deux siècles de bonheur et de gloire ont succédé à ce bouleversement. Rien n'est donc perdu tant que les opinions, les sentimens et les intérêts sociaux conservent une véritable puissance, influent sur les événemens, et n'ont pas ce caractère de futilité, de foiblesse ou d'apathie qui est, pour les Etats, la seule maladie sans remède.

Mais aussi rien n'importe plus alors au gouvernement que de s'emparer de ces principes de vie qui animent la nation, et d'en faire le principe de sa force. Ce n'est pas en les repoussant, en leur imputant tous les maux et tous les crimes qui sont venus à leur suite, qu'il préviendra le retour de crimes et de maux semblables. Il faut des ménagemens et du temps pour qu'un peuple qui a eu de la puissance et de la gloire apprenne à reconnoître ce que sa gloire et sa puissance ont eu de coupable ; il faut surtout qu'il ne craigne pas de voir méconnoître et oublier ce qu'il a fait de difficile et de grand. On ne sait pas tout ce qui reste de sentimens énergiques et de mouvemens généreux dans le cœur des hommes qui ont beaucoup agi, fait beaucoup d'efforts et couru beaucoup de dangers; leurs fautes peuvent avoir été graves ; leurs égaremens, et, ne craignons pas de le dire, leurs vices peuvent inspirer l'éloignement et la crainte; mais ils conservent toujours je ne sais quelle dignité qui tient à la conscience de la force, aux souvenirs d'une vie très-active, et qui entretient en eux le foyer de cette existence morale à laquelle on seroit tenté de les croire étrangers. Sans doute il faut nourrir ce foyer avec d'autres alimens ; sans doute il faut donner aux sentimens dont la source n'est pas éteinte en de tels hommes, une autre direction et un autre objet; mais cela est plus aisé qu'on ne pense ; un grand nombre de fanatiques ligueurs devinrent les sujets les plus dévoués de Henri IV ; il sut s'approprier ce que ces caractères audacieux contenoient de dévouement et d'énergie; méconnus, ils se seroient crus méprisés.

Ce qui rend un peuple capable de reconnoître et de réparer ses erreurs et ses fautes, c'est le sentiment des facultés nobles qu'il a déployées et conservées pendant et après son délire. Ce sentiment est indestructible; si on le blesse, il se changera en un orgueil qui ne voudra convenir d'aucun tort, et qui deviendra d'autant plus incapable de conversion ou de repentir qu'on se montrera plus injuste. Si, au contraire, on le ménage, si on ne travaille à l'éclairer sur ses écarts qu'en l'honorant dans ce qui a été généreux et énergique au milieu de ces écarts même, il s'assouplira bientôt, fera des concessions, changera de nature, et se donnera sans réserve à la Puissance qui, après avoir su le comprendre, ne craindra pas de l'employer.

FIN.

TABLE

DES MATIÈRES.

www.ingramcontent.com/pod-product-compliance
Ingram Content Group UK Ltd.
Pitfield, Milton Keynes, MK11 3LW, UK
UKHW020257180726
13839UKWH00001B/330